Art Academy

Aquarell

Häuser
in Stadt und Land

Bagnall · Hille

Otto Maier Ravensburg

Umschlaggestaltung: Ekkehard Drechsel BDG
Umschlagbild: Brian Bagnall
Satz: Weishaupt, Meckenbeuren
Gesamtherstellung: Himmer, Augsburg
Printed in Germany
95 94 93 92 4 3 2 1
ISBN 3-473-48257-9

Die Deutsche Bibliothek – CIP-Einheitsaufnahme

Aquarell / Brian und Ursula Bagnall; Astrid Hille. –
Ravensburg : Maier.
(Art Academy)
Häuser in Stadt und Land. – 1992
ISBN 3-473-48257-9

Inhalt

Zu diesem Buch

Die Aquarellmalerei hat sich in den letzten Jahren zu einer der beliebtesten Maltechniken entwickelt. Das liegt unter anderem an der Möglichkeit, in kurzer Zeit etwas auf das Papier bringen zu können, es entstehen zufällige Farbmischungen und Strukturen, die sich leicht in ein Bild einbeziehen lassen und auch zum Experimentieren einladen. Wie aber diese Zufälle bewußt herbeiführen – oder sie ausschließen?
Was an der Technik so verführerisch erscheint, ist gleichzeitig ihre Schwierigkeit: Wie malt man eine gerade Hauswand, ein Fenster, wenn doch die Farbe dabei verläuft? Wie kommt man mit Fassaden zurecht oder belebten Plätzen, wie entstehen glatte Flächen und klare Formen? Genau dabei soll Ihnen dieses Buch helfen. Sie lernen, wie Sie das, was Sie sehen, auf dem Papier umsetzen können, was Sie dabei weglassen dürfen, wie Sie etwas hinzufügen können. Sie bekommen Anregungen zur Motivsuche ebenso wie zum Experimentieren. Damit Sie nicht nur einen Stil kennenlernen, arbeiten wir mit verschiedenen bekannten Künstlern zusammen. Sie zeigen Ihnen in nachvollziehbaren Schritten, wie sie an so eine Arbeit herangehen, und verraten Ihnen auch ein paar ihrer eigenen Tricks. Zwei von ihnen, Jos. K. Biersack und Michael Auth, sind malende Architekten, die Ihnen hilfreiche Tips geben, wie Sie mit Gebäuden leichter zurechtkommen.
Was Ihnen selbst am meisten liegt, werden Sie dabei schnell herausfinden.
Viel Spaß dabei!

Ursula Bagnall

Als Partnerin von Brian Bagnall, der die Reihe „Art Academy" als Art Director betreut, hat sie Layout und Text übernommen, um die Anschauungen, Informationen und Bilder aller Künstler unter „einen Hut" zu bringen. 1945 geboren, schloß sie eine Ausbildung für Grafik-Design an der Akademie für das grafische Gewerbe in München ab. Danach arbeitete sie für die Olympiade 1972 bei Otl Aicher und übernahm später für fünf Jahre eine Lehrtätigkeit an einer amerikanischen Schule in Amsterdam. Neben freier Mitarbeit für das Bayerische Fernsehen arbeitet sie seit 1973 freiberuflich als Grafikerin und Autorin. Gemeinsam mit ihrem Mann entwickelte sie zahlreiche Bücher, unter anderem auch Malschulen für Kinder und für Erwachsene.

Astrid Hille

Astrid Hille ist Herausgeberin der Reihe „Art Academy" und arbeitet dabei eng mit „Bagnall Studios" zusammen. 1955 in Hamburg geboren, studierte sie nach einer Ausbildung als Technische Zeichnerin an der Fachhochschule für Kunst und Gestaltung in Hamburg Illustration und Malerei. Danach arbeitete sie als Illustratorin, Malerin und Kunstlehrerin in der Erwachsenenbildung. Nach einem Zweitstudium der Medien- und Theaterpädagogik ist sie seit 1985 als Lektorin für Kunst- und Kinderbücher tätig.

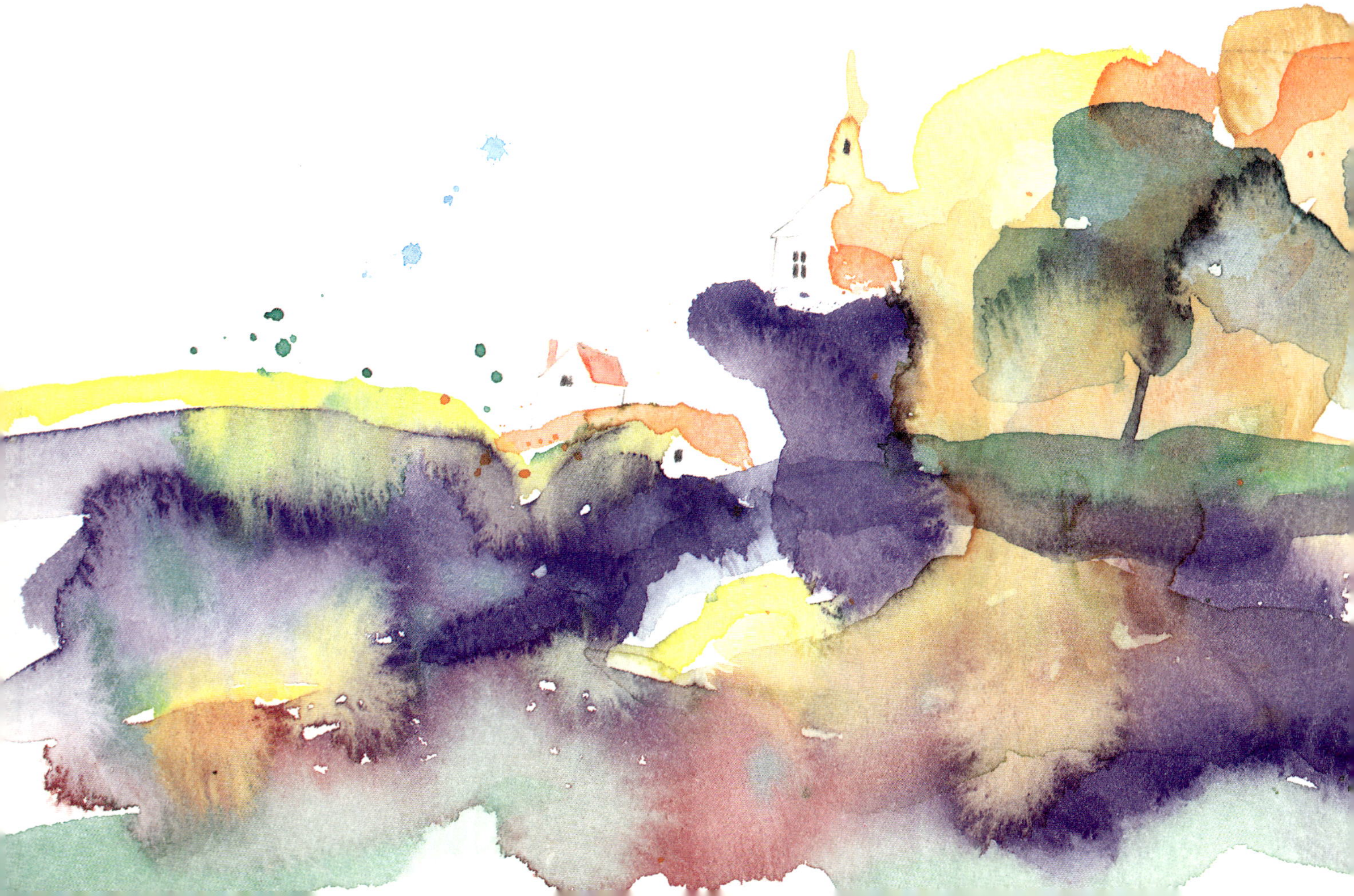

Michael Auth

Wie er spielerisch mit der gemalten Architektur umgeht, verrät Ihnen in diesem Buch Michael Auth. 1947 in München geboren, studierte er Kunst und Architektur an der Akademie in München. Nachdem er „lange genug" als Architekt gearbeitet hatte, begann er sich der freien Kunst zu widmen. Kunststudium in Florenz, Mitarbeit im Theaterlaboratorium/Prato, Dozent für Malerei und Bühnengestaltung, Kunstlehrer bei Seminaren in der „Casa del Sasso" und Ausstellungen in Deutschland, England und Italien sind nur einige Stationen seiner Laufbahn. Seit 1988 lebt und arbeitet er als freier Künstler in München und Berlin.

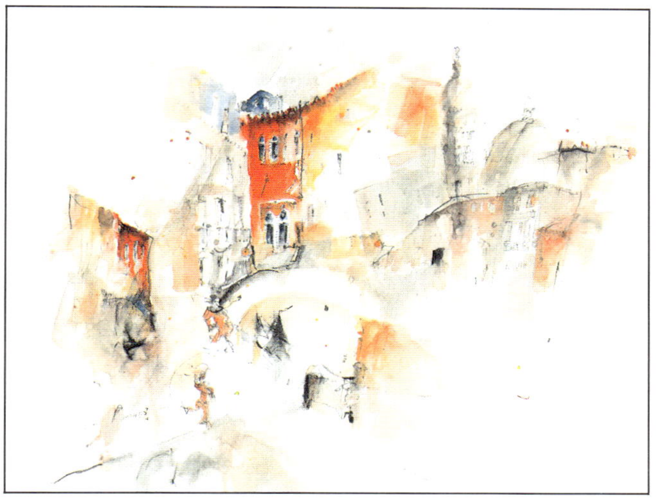

Brian Bagnall

Eine sehr grafische Bildauffassung zeigt Ihnen Brian Bagnall Schritt für Schritt in diesem Buch. 1943 in Wakefield, England, geboren, studierte er Malerei und Druckgrafik, sein National Diploma legte er mit Auszeichnung ab. Danach zog er nach Amsterdam, wo er neben einer Lehrtätigkeit auch für Verlage und Werbeagenturen arbeitete. Seit 1970 lebt er in München und gründete mit seiner Frau „Bagnall Studios", nebenbei war er mehrere Jahre in Darmstadt als Dozent tätig. Es sind viele Bücher von ihm erschienen, seine Arbeiten waren in mehreren europäischen Ländern und in Korea ausgestellt.

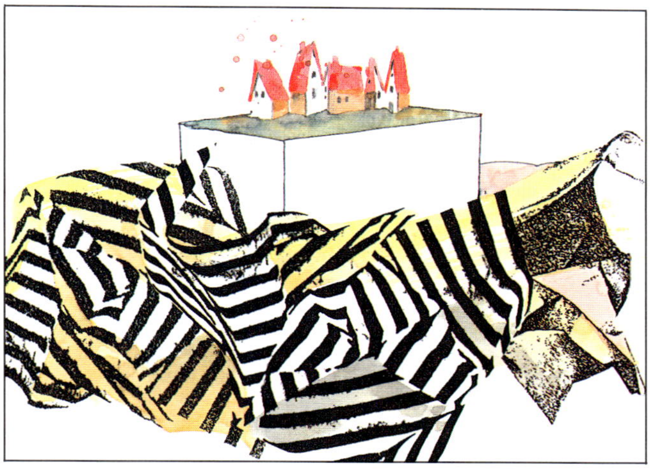

Jos K. Biersack

Die Prager Oper hält Jos K. Biersack malerisch in vier Schritten für Sie fest. 1941 in der Oberpfalz geboren, studierte er in Nürnberg Innenarchitektur – diesen Beruf übte er bis 1990 aus. Zur Aquarellmalerei kam er als Hobbykünstler. 1981 entdeckte ihn ein Galerist, und bald folgten erste Ausstellungen. Nun erlernte er zusätzlich Radierung bei Karl Stengel, seine freie Zeit war mit Malen ausgefüllt. Es folgten weitere Ausstellungen, auch in Österreich und Italien. Die Architektur hat er dann 1990 ganz aufgegeben und ist nun nur noch Künstler – mit Freude, aber auch allen dazugehörenden Ängsten.

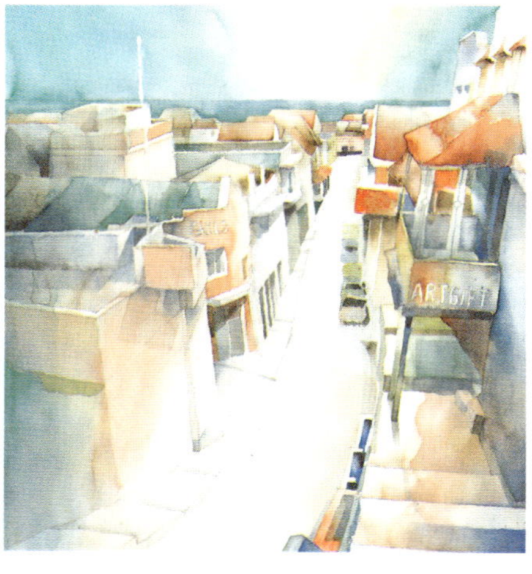

Karlheinz Groß

Wie man Architektur abstrakt umsetzt, zeigt Ihnen Karlheinz Groß Schritt für Schritt in diesem Buch. Der 1943 im Harz geborene Künstler studierte zuerst an der Werkkunstschule A. L. Merz in Stuttgart, später belegte er an der Gutenbergschule bei Professor Robert Förch Gebrauchsgrafik und Illustration. 1966 eröffnete er sein eigenes Atelier in Bietigheim-Bissingen und arbeitet seitdem als freier Grafiker, Maler und Lehrer für Aquarellmalerei. Seine farbintensiven und ausdrucksstarken Bilder entstehen auf vielen Reisen und Exkursionen. Seit 1971 sind seine Arbeiten auf zahlreichen Einzelausstellungen zu sehen.

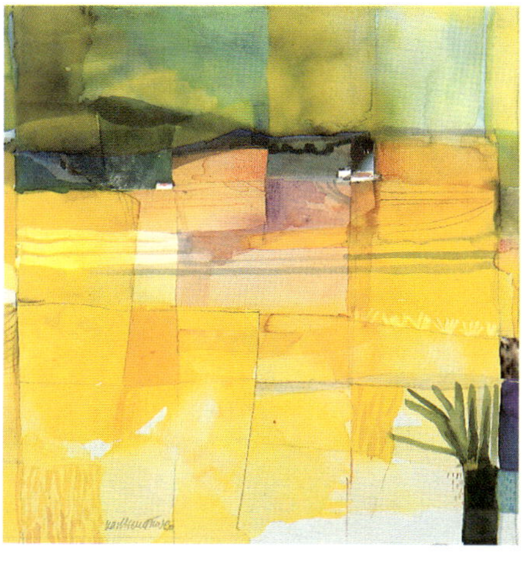

Aquarellmalerei – gestern und heute

Die Aquarellmalerei ist heute eine der beliebtesten Maltechniken. Etablierte Künstler beschäftigen sich ebenso gerne mit dieser variantenreichen Technik wie Hobby- und Freizeitmaler. Gerade mit Aquarellfarben läßt sich ein Spektrum entwickeln, das von zarten, transparenten bis hin zu intensiven, leuchtenden Farbaussagen reicht.
Das Malen mit wasserlöslichen Farben ist eine der ältesten Möglichkeiten, Gesehenes festzuhalten. So war alle Malerei, vom Entstehen der Kulturen an, bis zur Erfindung der Ölmalerei und der fetten Tempera, immer Wasserfarbenmalerei. Dabei handelte es sich jedoch nicht um Wasserfarbenmalerei im Sinne der Aquarellmalerei. Bis zum 9. Jahrhundert wurden zum Beispiel die meisten Miniaturen in Griechenland und Rom mit einer deckenden Aquarellfarbe unter Beimischung von Zerusit gemalt. Ab dem 9. Jahrhundert malten die Künstler dann auch mit transparenten Wasserfarben. Im Mittelalter setzte sich diese Entwicklung fort, und in der Renaissance war das Malen der Miniaturen mit Aquarellfarben weit verbreitet.

Von Albrecht Dürer, dem bekanntesten deutschen Maler des 16. Jahrhunderts, sind uns wunderschöne Aquarelle erhalten. Sie sind jedoch nicht so bekannt wie seine Zeichnungen, Kupferstiche und Ölbilder. Der Grund dafür liegt darin, daß die Aquarellmalerei damals nicht gleichwertig neben der Ölmalerei stand. Die Aquarelle besaßen rein dokumentarischen Wert (Naturstudien) oder dienten als Skizzen für spätere Ölgemälde. Auch Rembrandt fertigte Farbnotizen und Vorskizzen für seine Ölgemälde an. Er malte jedoch nie eigenständige Aquarelle, beherrschte aber die Technik der Lavierung meisterhaft.
Erst im 18. Jahrhundert etablierte sich die Aquarellmalerei als eigenständige Kunst. 1804 wurde in England die erste Gesellschaft der Aquarellmaler gegründet, und 1805 fand die erste Ausstellung von Aquarellbildern statt.
Der berühmteste Aquarellmaler Englands ist sicher William Turner. Auf seinen Reisen nach Italien und Venedig malte er Aquarelle von größter Licht- und Farbwirkung und erreichte in dieser Technik ein außergewöhnlich hohes Niveau. Neben Turner gilt Richard Parkes Bonington als einer der bedeutendsten englischen Aquarellkünstler. Seine Frankreichaufenthalte und seine Freundschaft mit französischen Malern, unter anderem mit Eugène Delacroix, unterstützten in Frankreich die Auseinandersetzung mit der Aquarellmalerei.
Delacroix, ein Maler der Romantik und Vorläufer des Realismus, des Impressionismus und der modernen Kunst, entwickelte sich zu einem begeisterten Anhänger des Aquarells. Dessen helle Farbpalette kam seiner Kunst, in der Farbe und Licht eine große Rolle spielten, entgegen.
Auch Paul Cézanne beschäftigte sich intensiv mit der Aquarellmalerei. Er verstand es, die Eigenschaften der Aquarellfarben, Transparenz und Leichtigkeit, in kunstvollster Weise in seinen Bildern einzusetzen und eine Synthese von Form und Farbe zu schaffen. Cézanne ist dem Nachimpressionismus zuzuordnen.

Albrecht Dürer,
Innsbruck von Norden

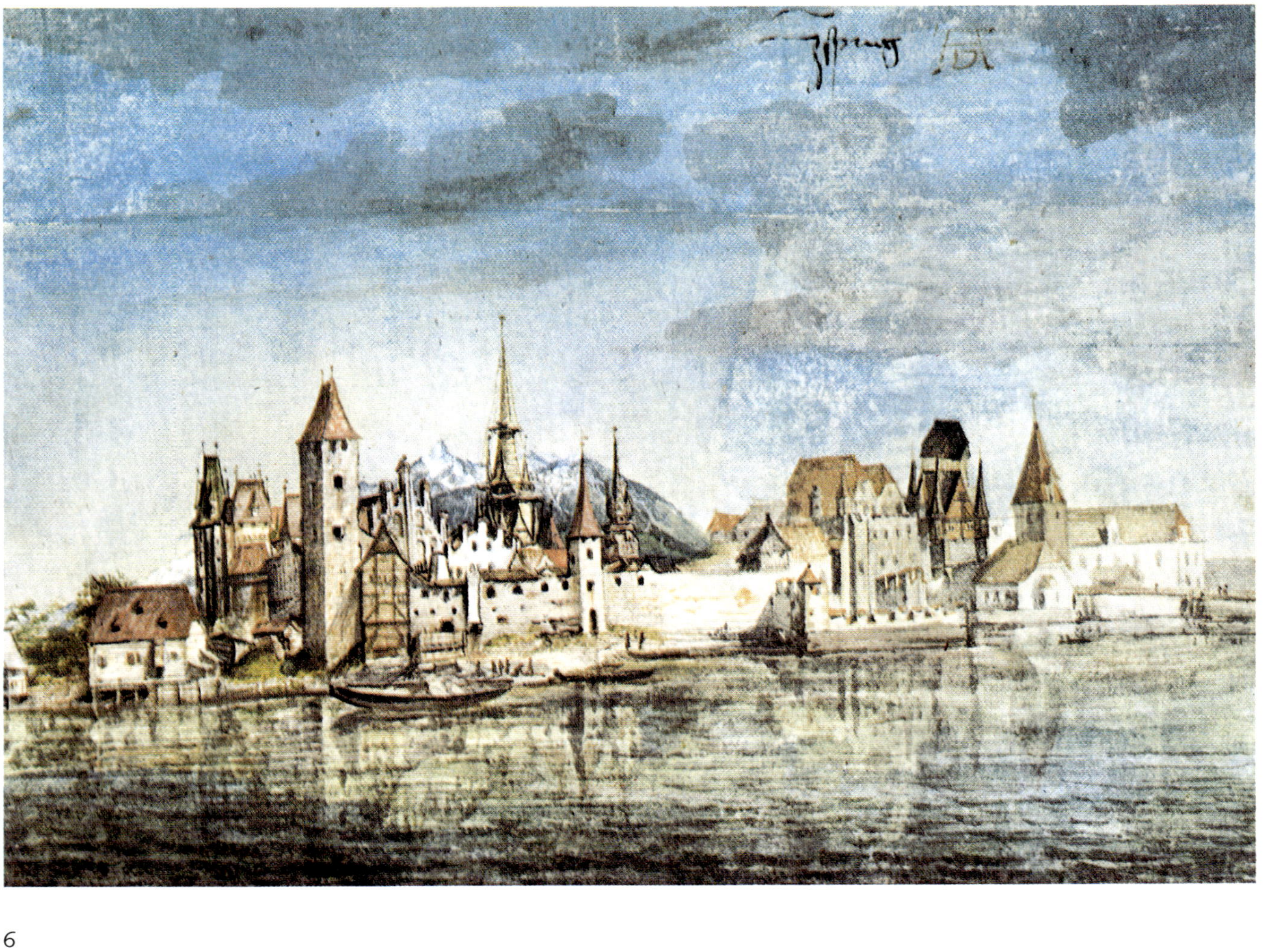

Richard Parkes Bonington,
Venedig, der Dogenpalast

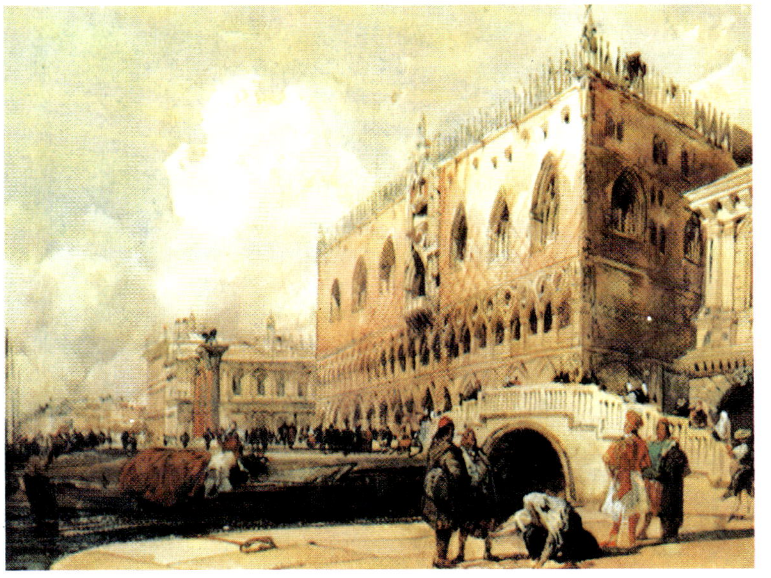

Paul Cézanne, Dorfkirche

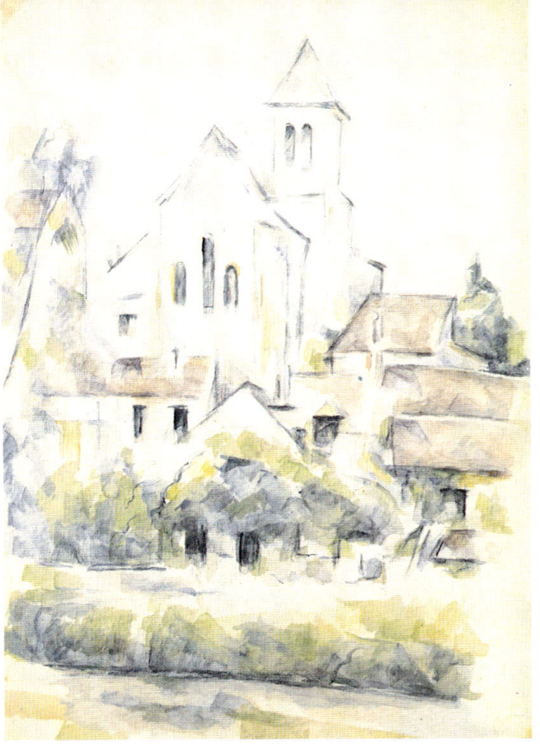

William Turner, Venedig, San Giorgio Maggiore, von der Zollstation gesehen

Der Expressionist August Macke fing auf seiner Tunisreise in herrlichen Aquarellen die Licht- und Farbenfülle des Orients ein. Charakteristisch für seine Bilder sind die klaren Farbflächen und die Intensität der Farben. Das klassische Motiv der Aquarellmalerei war und ist sicher die Landschaft und damit auch die künstlerische Umsetzung von Gebäuden, Dörfern und Städten. Beschränkte sich die Darstellung von Architektur im Mittelalter vorwiegend auf Kirchen und kirchliche Innenräume, gab es in den späteren Epochen eine Fülle an Motiven, in denen Bauwerke ein wichtiges Bildelement waren. Auch in der modernen Malerei besteht bei Hobbymalern wie auch bei professionellen Künstlern großes Interesse an der Darstellung von Architektur in Aquarell.

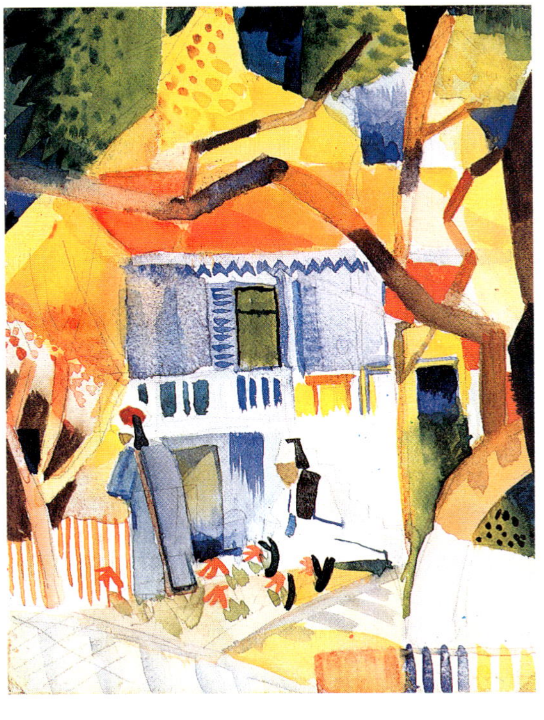

August Macke,
Innenhof des Landhauses in St. Germain

Das Material

Die Anschaffungen für die Aquarellmalerei sind nicht sehr aufwendig. Es lohnt sich aber, gutes Material zu kaufen, dafür muß es nicht sehr viel sein.

Die Pinsel

Beginnen wir mit den Pinseln. Das sollten echte Marderhaarpinsel sein (Rotmarder, Kolinsky), von denen drei Größen genügen: ein dicker (Nr. 10) und zwei dünnere (Nr. 3 und 6). Zusätzlich können Sie ein paar billige Pinsel kaufen, mit denen Sie Hintergründe anlegen oder gröbere Teile Ihres Bildes bearbeiten. Zum Aufbewahren gibt es eine Art Strohmatte, in die die Pinsel gewickelt werden, so daß sie gut geschützt sind. Wenn Sie Ihre Pinsel länger nicht verwenden, bewahren Sie sie auf jeden Fall in einem geschlossenen Behälter auf, da sie sonst durch Staub struppig werden können. Waschen Sie sie immer sorgfältig aus, danach ausschütteln (nicht ausdrücken!) und trocknen lassen.

Die Farben

Sie werden in Tuben und Näpfchen, einzeln oder im Malkasten angeboten. Der Malkasten ist praktisch, weil man Pinsel darin unterbringen und den Deckel als Palette einsetzen kann. Achten Sie aber darauf, daß mischbare Farben enthalten sind: Chromgelb zitron, Kadmiumgelb hell, Kadmiumrot hell, Krapplack dunkel, Cölinblau und Ultramarinblau (Näheres darüber auf Seite 11 und 12.). Ob Ihnen Tuben oder Näpfchen mehr liegen, müssen Sie ausprobieren. Die Tubenfarben lassen sich farbintensiver anwenden. Wenn die Farben auf der Palette angetrocknet sind, lassen sie sich leicht wieder mit Wasser auflösen. Die Farben in den Näpfchen müssen jedesmal mit Wasser gelöst werden und sind daher meist lasierender im Auftrag. Wichtig: Lassen Sie im Malkasten Abstand zwischen den Näpfchen, nur zu leicht mischt man sonst eine Farbe in die andere.
Interessante Effekte lassen sich auch mit farbigen Tuschen erzielen.

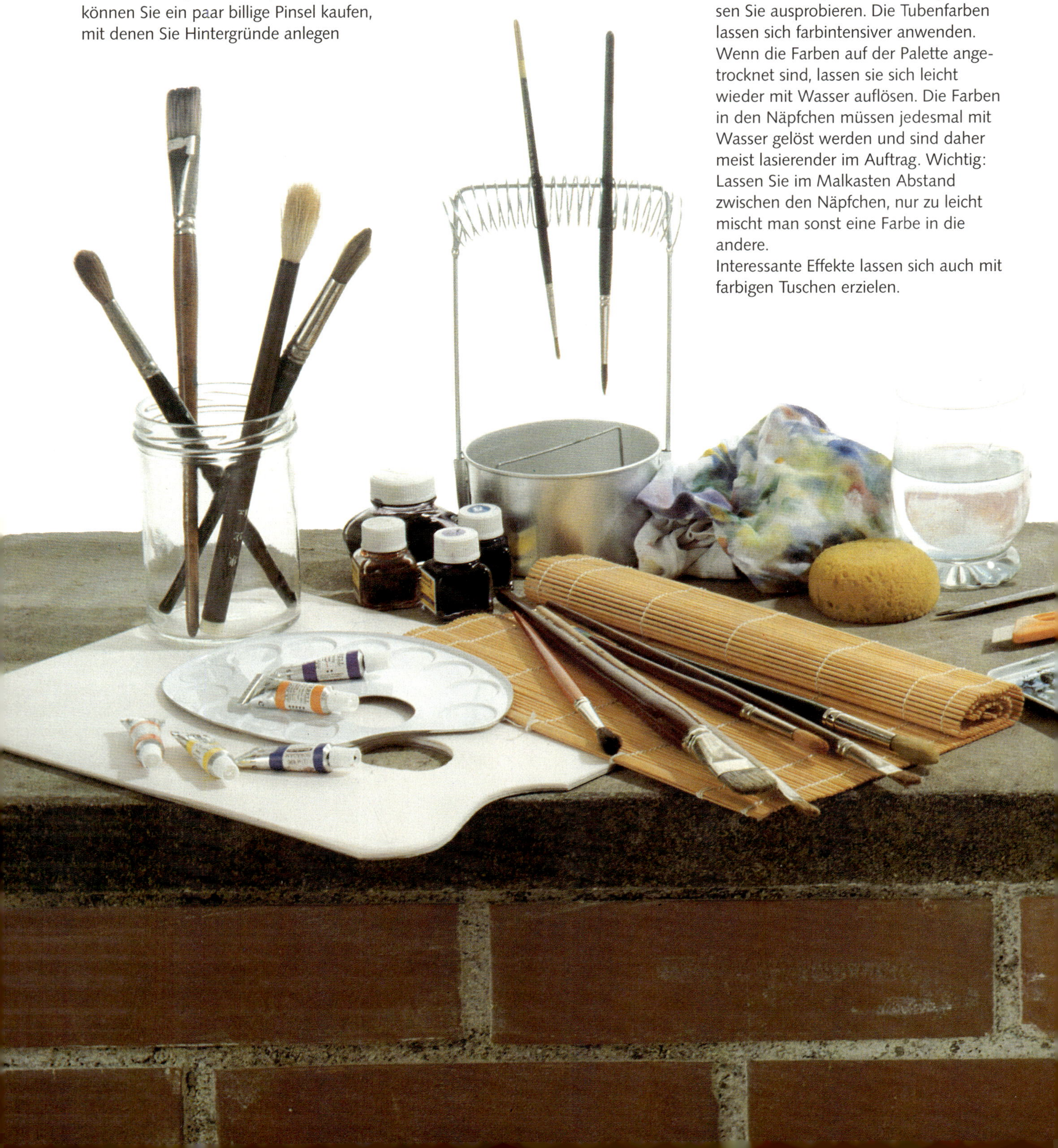

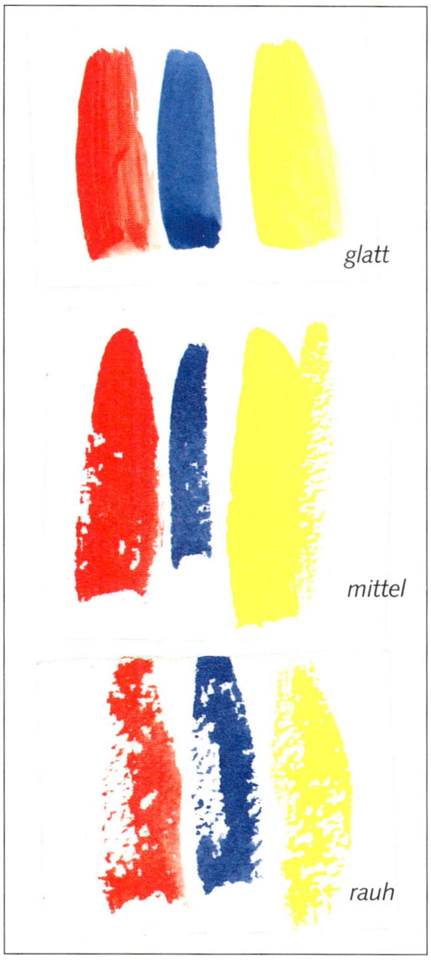

Das Papier

Auf jedem Papier verläuft die Farbe anders – das beeinflußt natürlich die Malerei. Sie sehen das an dem Beispiel rechts. Auf glattem Papier läßt sich die Farbe gleichmäßig verteilen, auf rauhem entstehen kleine weiße Stellen. Probieren Sie aus, welches Papier Ihnen zusagt und sich für das jeweilige Motiv am besten eignet. Dazu können Sie sich in einem Fachgeschäft einen Papierfächer mit verschiedenen Papiersorten besorgen.

Aquarellpapier gibt es in Einzelbögen und als Blöcke. Da sich das Papier bei der nassen Aquarelltechnik wellt, müssen die Einzelbögen auf ein Brett aufgezogen und mit Papierklebestreifen festgehalten werden. Bei den Blöcken sind die Blätter an den Außenkanten verleimt und können sich deshalb nicht verziehen. Viele Künstler bevorzugen dennoch die Einzelbögen, da die Auswahl an Papiersorten größer ist. Zum Malen unterwegs sind jedoch zweifellos die Blöcke praktischer.

Sonstiges

Nun brauchen Sie noch ein Wassergefäß, einen Lappen, um überschüssige Farbe abtupfen zu können, evtl. ein kleines Schwämmchen und etwas, worauf die Farben gemischt werden können, also eine Metallpalette oder einen Palettenblock aus wasserabstoßendem Papier (im Bild links unten). Praktisch ist ein Pinselhalter, in dem Wasser abtropfen kann. Zum Aufskizzieren genügt ein weicher Bleistift. Vermeiden Sie das Radieren, da sich das Papier dabei aufrauht und beim Darübermalen unschöne Flecken entstehen können.

Für Weißaussparungen können Sie Rubbelkrepp oder Fixogum einsetzen. Wenn Sie auf Einzelbögen arbeiten, brauchen Sie ein festes Brett als Unterlage, auf dem Sie den Bogen mit Papierklebestreifen naß aufziehen können.

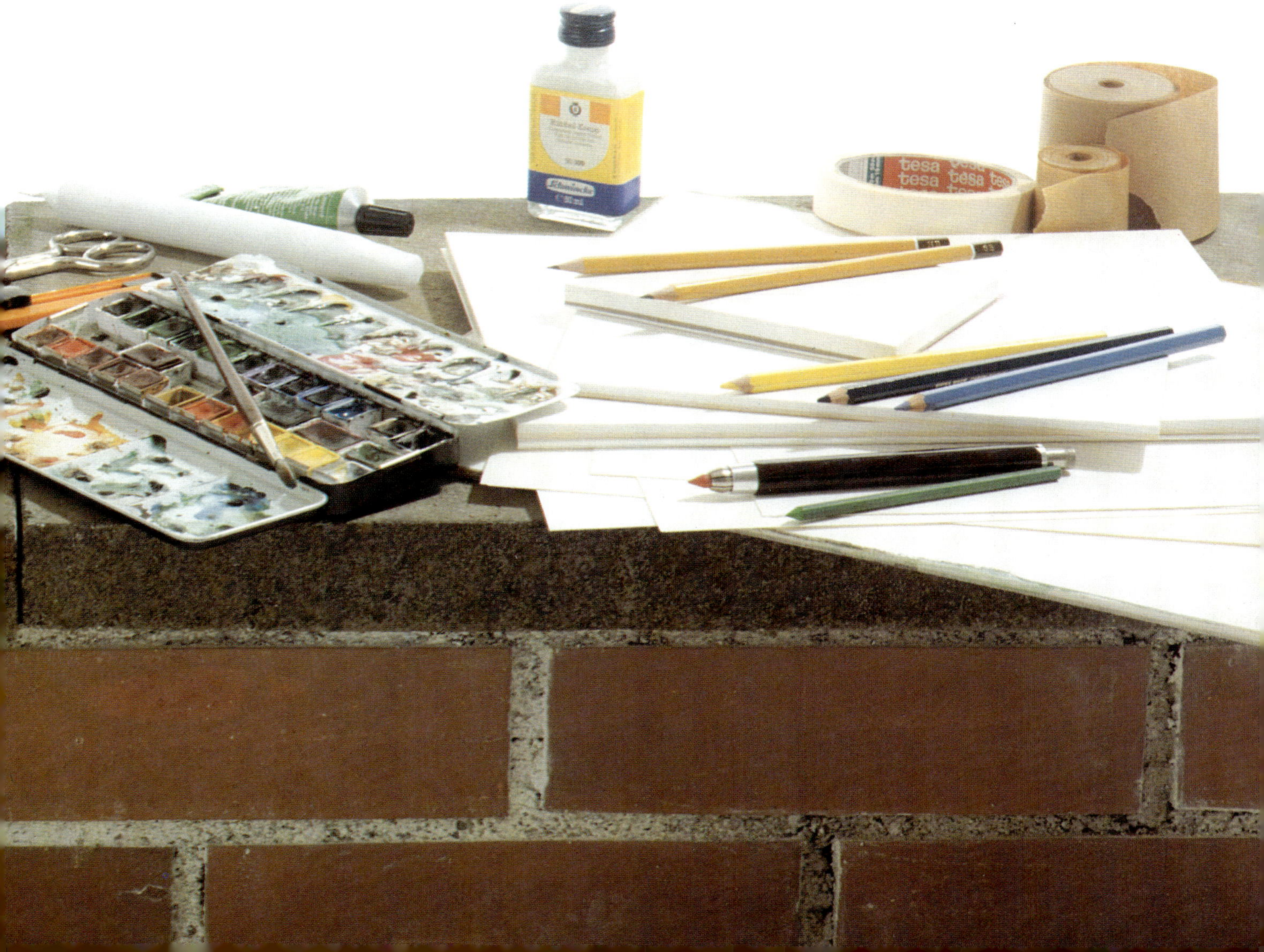

Das Mischen der Farben

Es werden heute die herrlichsten Aquarellmalkästen mit allen erdenklichen Farbnuancen angeboten. Doch, wie schon erwähnt, nicht alle Farben lassen sich zu ansehnlichen Tönen mischen. Schaffen Sie sich also lieber weniger, dafür aber gut mischbare Farben an. Auf jeden Fall sollten sechs Grundfarben dabeisein, mit deren Mischungen Sie schon unglaublich viele andere Töne herstellen können. Vielleicht werden Sie fragen, warum denn jeweils zwei Gelb-, Rot- und Blautöne, statt vielleicht einem Grün oder Violett als Ergänzung? Ganz einfach: Von jeder Farbe ist ein Ton warm und der andere kalt, Grün und Violett ergeben sich von allein (Blau + Gelb = Grün, Rot + Blau = Violett).

Mehr über warme und kalte Farben auf Seite 14/15.
Die kalten Farben sind: Chromgelb zitron, Krapplack und Cölinblau. Warme Farben: Kadmiumgelb, Kadmiumrot und Ultramarinblau.

Grundausstattung

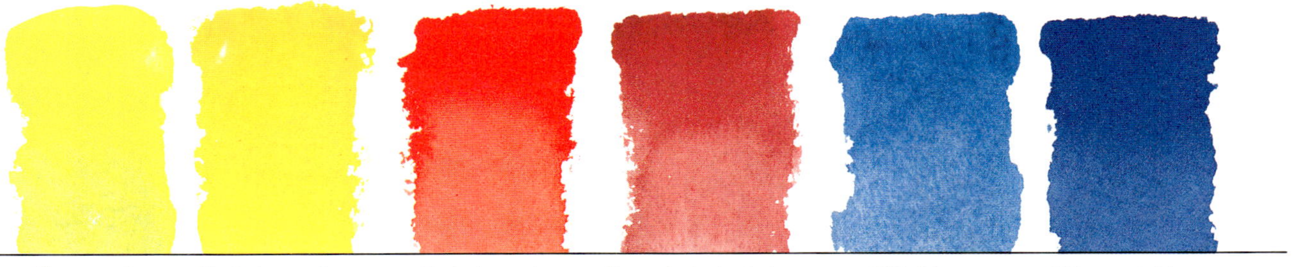

Chromgelb zitron · *Kadmiumgelb hell* · *Kadmiumrot hell* · *Krapplack dunkel* · *Cölinblau* · *Ultramarinblau*

Erweiterte Palette

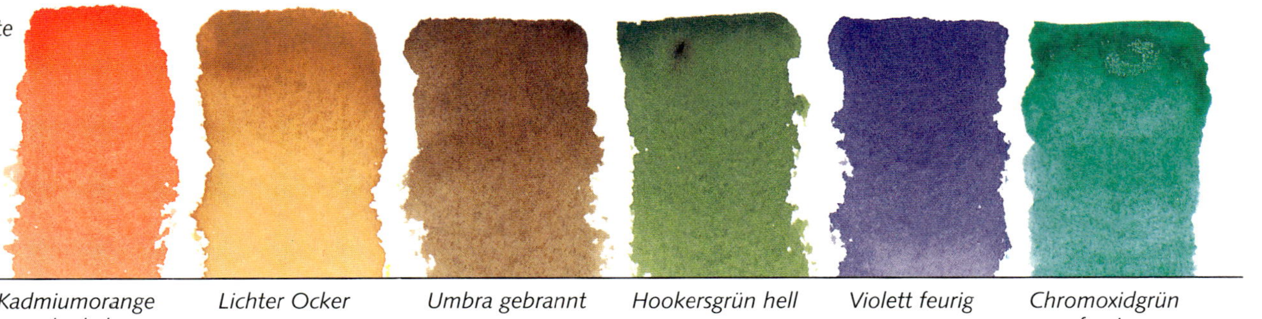

Kadmiumorange dunkel · *Lichter Ocker* · *Umbra gebrannt* · *Hookersgrün hell* · *Violett feurig* · *Chromoxidgrün feurig*

Zur Erweiterung Ihrer Palette rate ich Ihnen zu den oben gezeigten Farben, da diese sich zu klaren, neuen Tönen mischen lassen, ohne schmutzig zu wirken.

Beim Malen von Häusern und anderen Gebäuden spielen Schatten eine große Rolle. Wir werden noch sehen, daß Schatten nicht einfach grau oder schwarz sind, sondern daß sich alle möglichen Farben darin widerspiegeln.

Ein gut anwendbares Grau, das sich auch gut zum Mischen eignet, ist das Paynesgrau, Sie sehen es unten in mehreren Variationen.

Kadmiumorange · *Violett feurig* · *Krapplack* · *Cölinblau* · *Hookersgrün* · *Kadmiumgelb* · *Kadmiumrot*

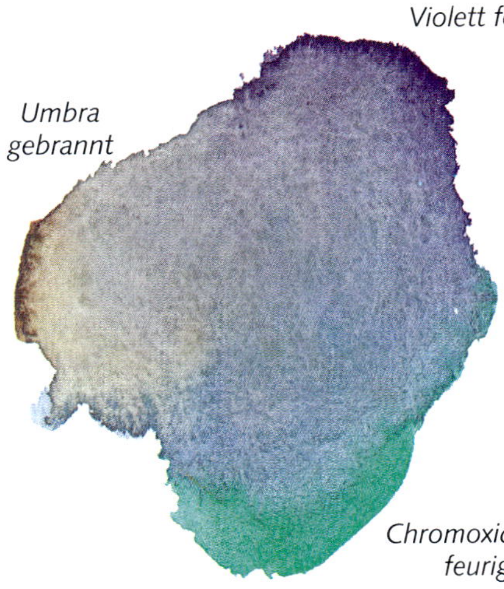

Viele Schattierungen von Grau erhalten Sie auch, wenn Sie Farben untereinander vermischen, ohne dabei Grau oder Schwarz zu verwenden. Schauen Sie sich hier das Zentrum der Farbausmischungen genau an. Auf den ersten Blick wirkt es einfach grau, hat aber bei genauerem Hinschauen viele andere Farbnuancen. Das Mischen können Sie nicht nur in der Theorie lernen, Sie müssen es einfach ausprobieren. Beim Aquarellieren können Sie die Farben auf der Palette mischen oder beim Malen direkt auf dem Blatt. Besonders bei der letzteren Vorgehensweise ist es wichtig, daß Sie wissen, mit welchen Mischungen Sie bestimmte Ergebnisse erreichen können. Verwenden Sie zum Ausprobieren Papierreste, Rückseiten von verunglückten Malversuchen oder ähnliches. Waschen Sie nach jeder Farbe den Pinsel gut aus, damit nicht unbeabsichtigte Farbrückstände bleiben. Und notieren Sie die Mischungen, die Ihnen gut gefallen, damit Sie sie später wieder herstellen können.

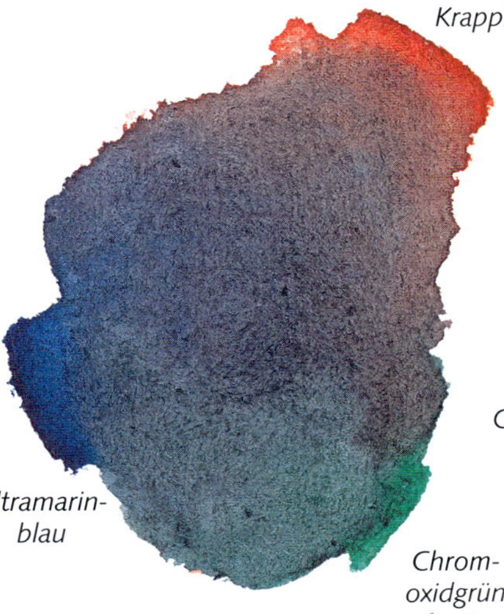

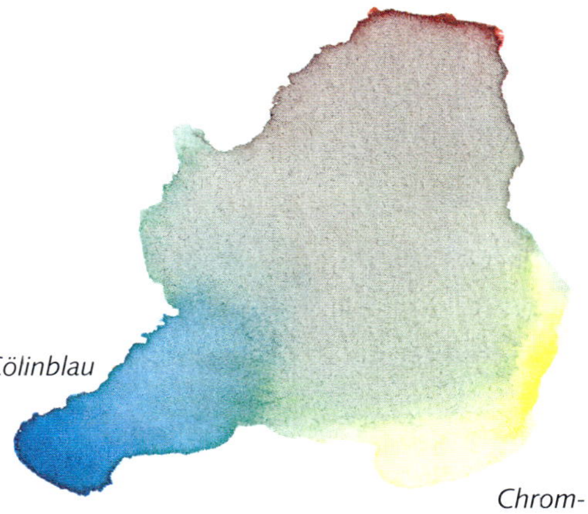

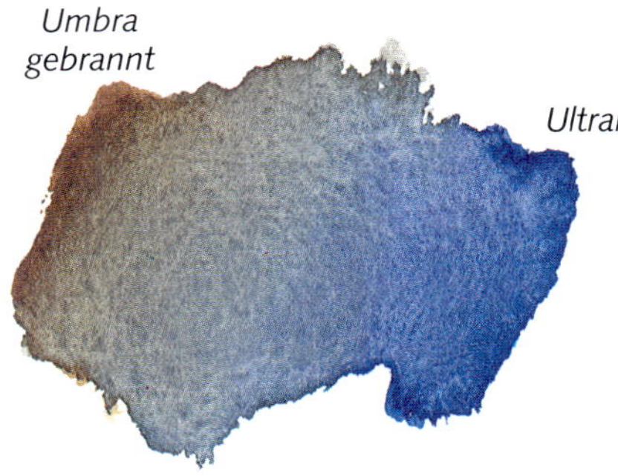

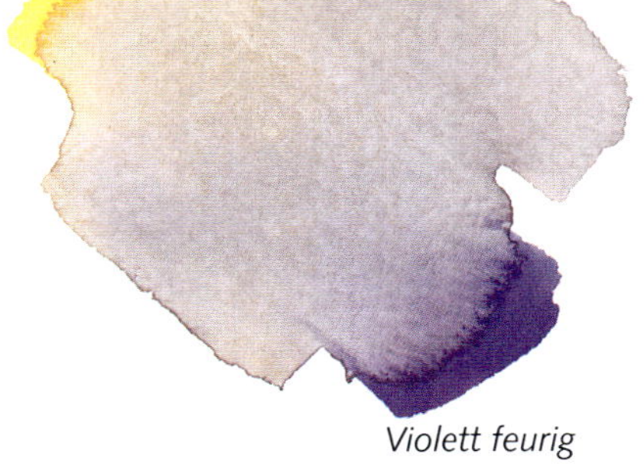

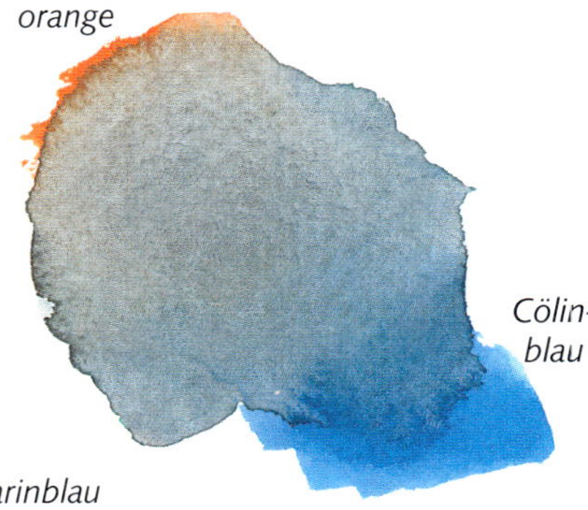

Verschiedene Techniken

Auch wenn es auf den ersten Blick so aussieht, als sei das spontane Ineinandersetzen von Farben ganz einfach, sollte man doch einige Grundtechniken beherrschen, um mit der Spontaneität der Aquarellmalerei bewußt umgehen zu können.

Naß in naß

Wie der Name schon sagt, wird hier die nasse Farbe auf den nassen Malgrund aufgetragen.

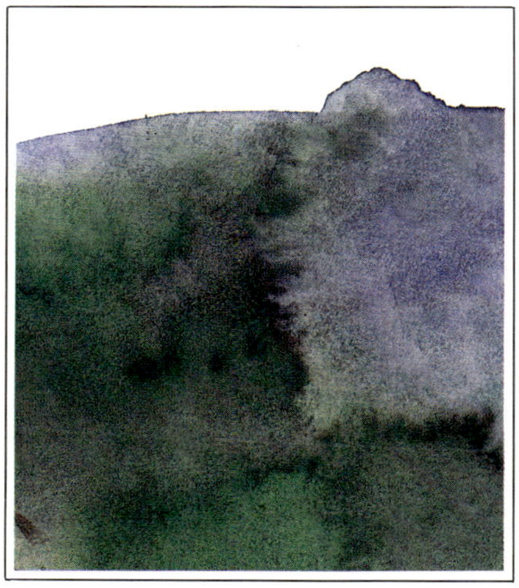

Dafür feuchten Sie das Papier zuerst mit einem Schwämmchen oder Pinsel an und malen dann direkt auf den nassen Untergrund. Die Pinselstriche verlaufen zu unregelmäßigen Formen (Kasten). Zu naß allerdings darf der Untergrund nicht sein, da sonst kleine Seen entstehen können, in denen sich die Farbe sammelt.

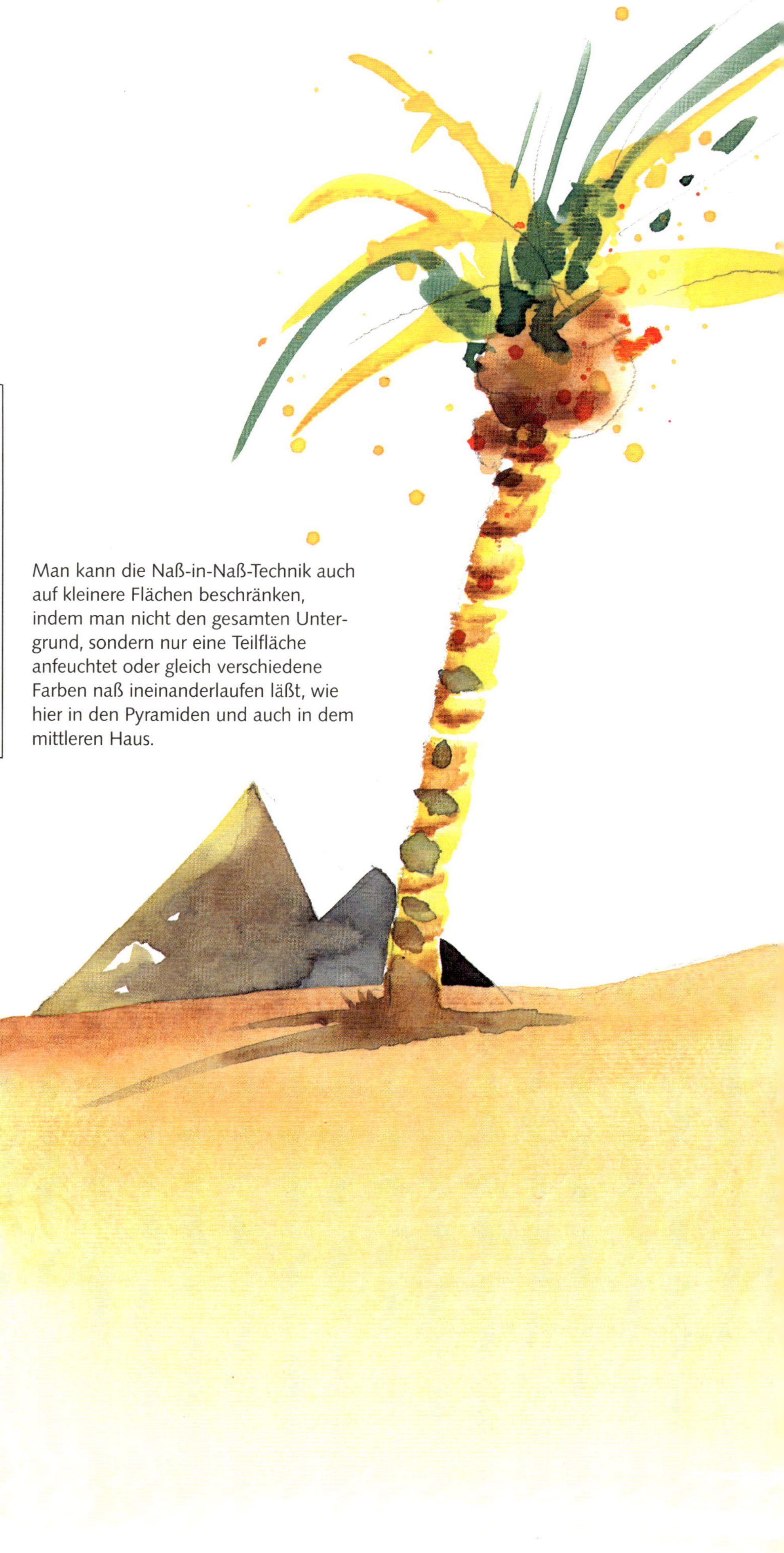

Man kann die Naß-in-Naß-Technik auch auf kleinere Flächen beschränken, indem man nicht den gesamten Untergrund, sondern nur eine Teilfläche anfeuchtet oder gleich verschiedene Farben naß ineinanderlaufen läßt, wie hier in den Pyramiden und auch in dem mittleren Haus.

Der Verlauf

Gleichmäßige Flächen gestalten Sie am besten mit einem Verlauf. Die Farbe wird von oben nach unten mit raschen Pinselstrichen verwaschen. Dabei beginnt man immer mit der dunklen Farbe, die durch stetes Verdünnen nach unten hin immer heller wird (rechts). Soll der dunkle Teil unten sein, bleibt das Vorgehen das gleiche, man dreht lediglich das Blatt um.

Lasieren

Eigentlich ist die Aquarellmalerei als solche schon eine Lasurmalerei, die sich aus der Transparenz der Aquarellfarben ergibt. Lasieren heißt: transparentes Malen mit verdünnter Farbe auf trockenem Malgrund oder trockener Untermalung. Der Untergrund oder die darunterliegende Farbe schimmert durch die darüberliegende hindurch. In der Regel wird die dunklere über die hellere Farbe gelegt. Sie sehen das bei den Palmblättern und auch in der Struktur unter den Häusern.

Naß auf trocken

Hier wird der Untergrund nicht angefeuchtet, sondern man malt auf trokkenen Grund, dabei kann es sich auch um eine bereits getrocknete Farbe handeln. (Die Häuser unten sind so entstanden.)

Weiß im Aquarell

In der Regel wird in der Aquarellmalerei kein Deckweiß verwendet, und man muß schon beim Planen des Bildes wissen, wo Weiß stehen soll. Diese Stellen müssen dann weiß ausgespart werden, eventuelle Bleistiftstriche können ruhig stehenbleiben. (Vorsicht beim Radieren: Die Farbe kann leicht entfernt werden.)
Eine andere Möglichkeit stellt das Arbeiten mit Rubbelkrepp (Fixogum) dar. Man bestreicht eine Fläche mit dem Kleber und malt dann einfach darüber. Wenn alles völlig trocken ist, wird der Kleber abgerubbelt, und die weiße Fläche kommt wieder zum Vorschein.

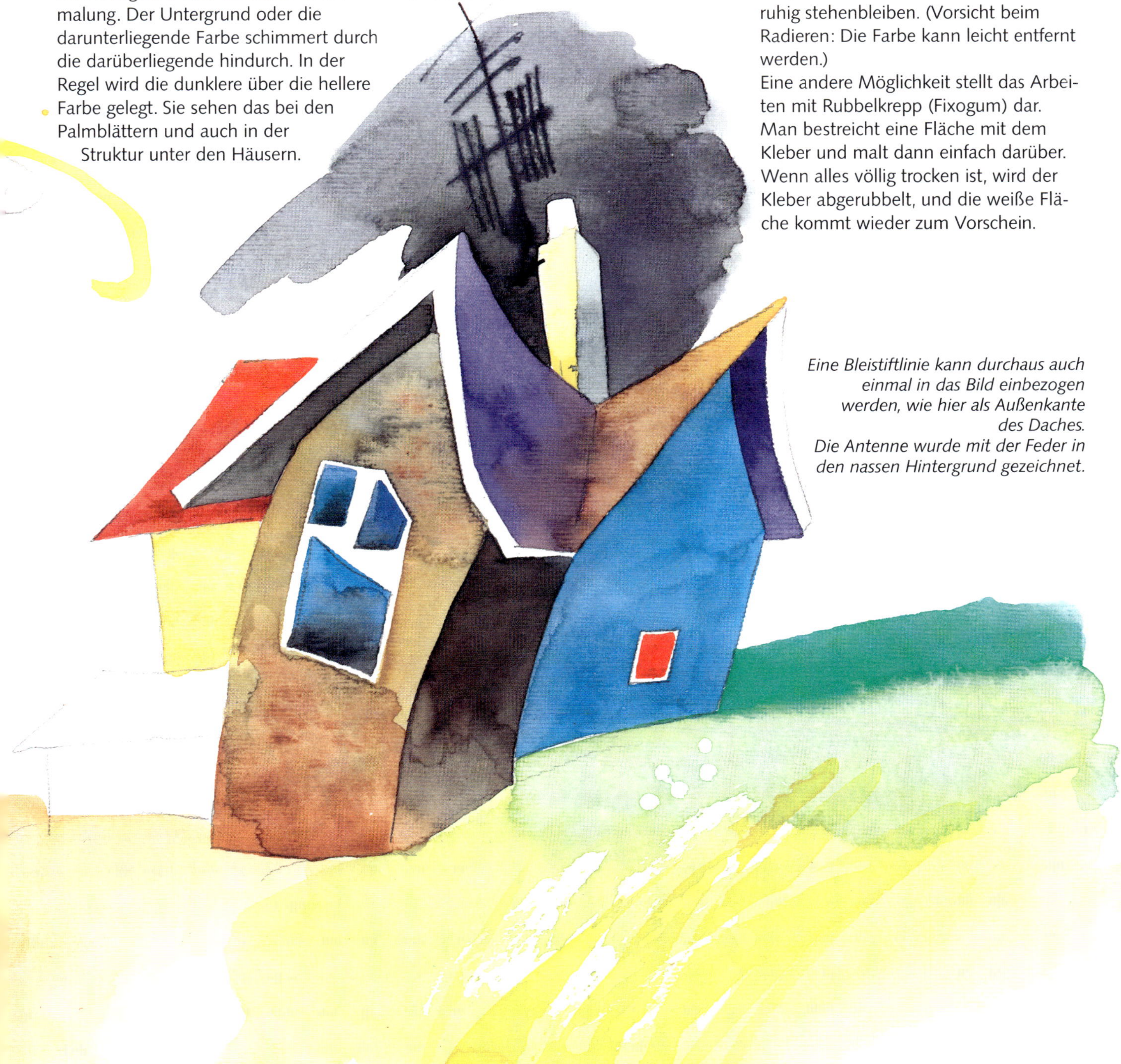

Eine Bleistiftlinie kann durchaus auch einmal in das Bild einbezogen werden, wie hier als Außenkante des Daches.
Die Antenne wurde mit der Feder in den nassen Hintergrund gezeichnet.

Die Naß-in-Naß-Technik verhilft der Hausmauer zu einer interessanten Struktur, das Weiß wurde stehengelassen.

Rechts eine Mischung der Techniken: Naß in naß wurde das Grün angelegt, das Weiß entstand durch Fixogum, das dann abgerieben wurde, und die gelbe Farbe habe ich zuletzt lasierend darübergelegt.

Beim Malen von Gebäuden müssen häufig auch scharfe Kanten und gerade Linien eingesetzt werden. Man kann sie, wie hier, mit ruhiger Hand malen. Oder aber: Sie kleben die Kanten mit Kreppklebeband ab, malen darüber und ziehen nach dem Trocknen das Klebeband wieder ab. Allerdings besteht bei dieser Methode die Gefahr, daß Farbe unter den Klebestreifen läuft, wenn man auf etwas rauherem Papier arbeitet.

Was Farben aussagen

Die Stimmung eines Bildes hängt sehr oft von den Farben ab. Auch Bilder ohne erkennbares Motiv bewirken, daß wir irgend etwas empfinden, das kann Fröhlichkeit oder Trauer sein, Aggression oder Langeweile. Selbst ein weinendes Gesicht erscheint nur halb so traurig, wenn es in heiteren Farben gemalt ist. Besonders wichtig für die Malerei sind „warme" und „kalte" Farben. Blautöne empfinden wir in der Regel als kühl, sie erinnern an Schnee und Eis. Rottöne dagegen verbinden wir mit Sonne und Wärme.
Trotzdem gibt es aber ein warmes Blau und ein kaltes Rot. Das hängt mit den Rot- und Blauanteilen der jeweiligen Farben zusammen. Hat also z. B. ein Rot sehr viele Blauanteile, wirkt es kälter als eines mit mehr Rot- oder Gelbanteilen. Im allgemeinen sind die Kadmiumtöne wärmer als die Krapplackmischungen. Unten sehen Sie das sehr deutlich: Obwohl das Motiv das gleiche ist, strahlt jedes Bild eine andere Stimmung aus. Links ist es – trotz blauen Himmels – warm und freundlich, rechts dagegen eher kühl und ungemütlich.

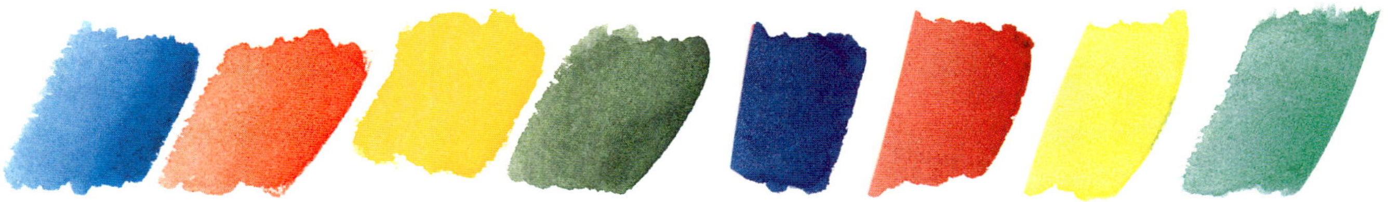

Cölinblau *Kadmiumrot* *Kadmiumgelb* *Hookersgrün* *Ultramarin* *Krapplack* *Chromgelb zitron* *Chromoxidgrün*

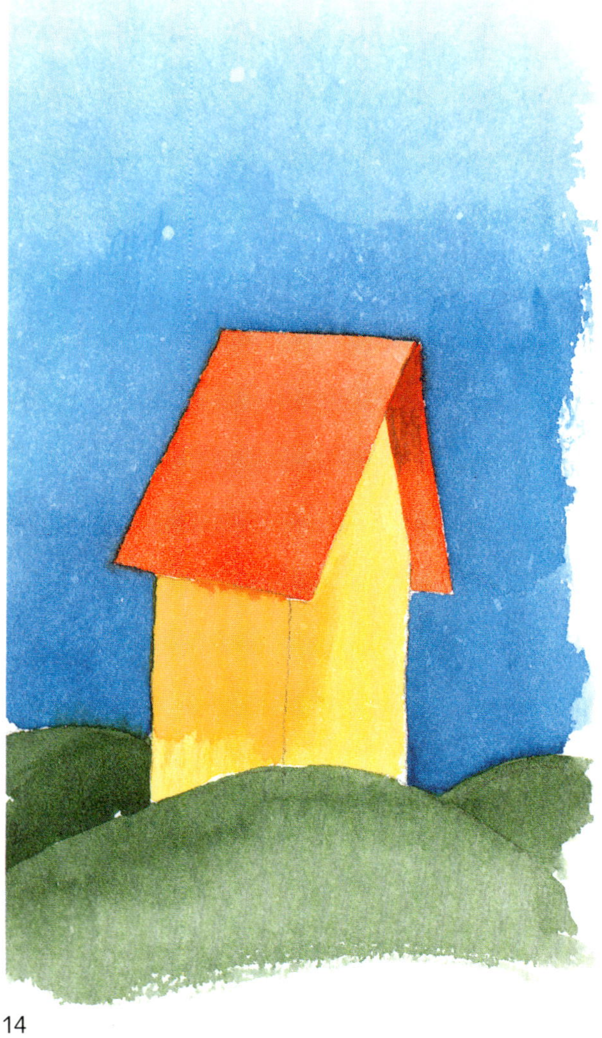

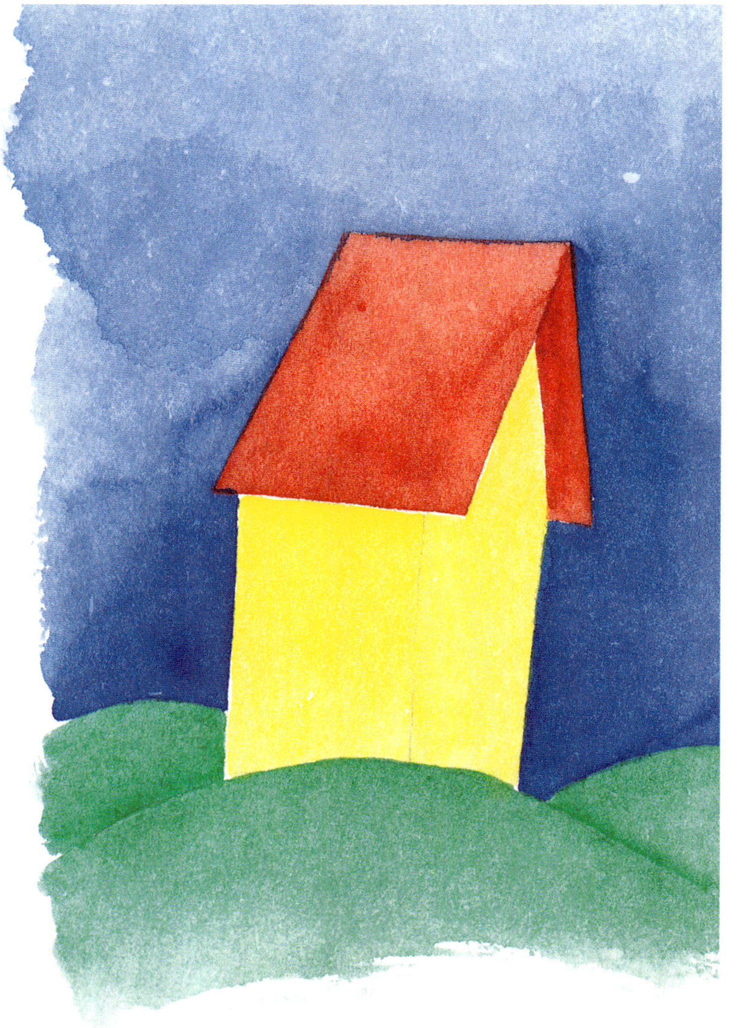

Dasselbe Motiv als Zeichnung ohne Farbe hat eher Informationswert – so sieht dieses Gebäude aus. Ob es hier warm, düster oder fröhlich, vielleicht gar unheimlich ist, erfährt man aus dieser Zeichnung nicht. Sie bringt also keinen Gefühlswert zum Ausdruck.

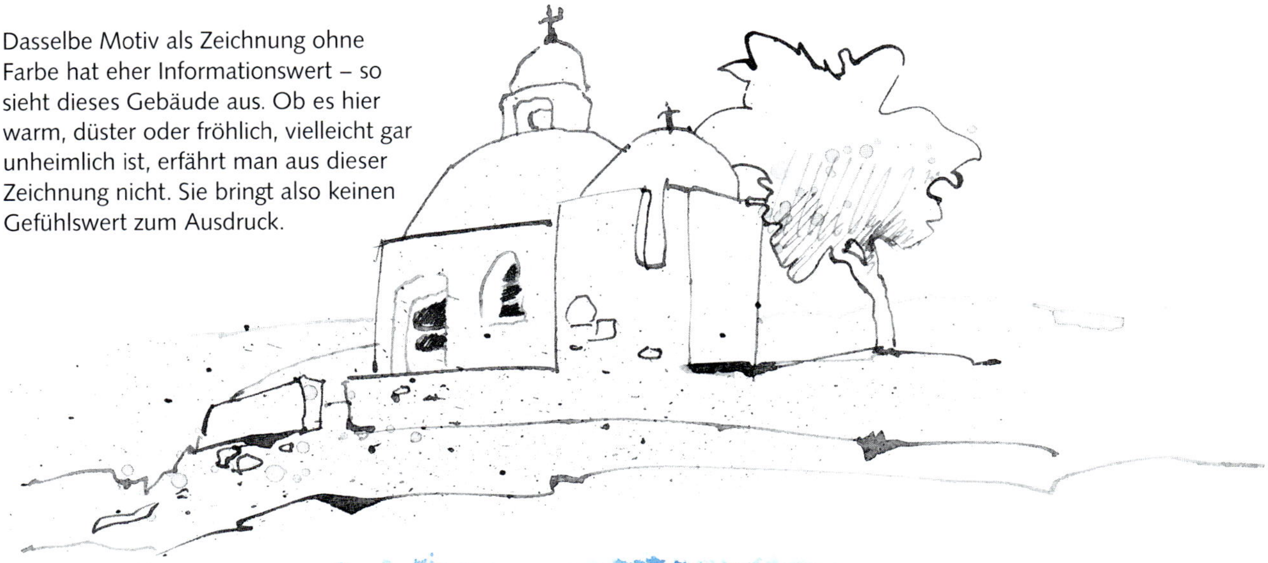

Die Stimmung kommt mit der Farbe. Heiter und südlich ist das Bild nun, es hat ein bißchen Urlaubsstimmung, und man könnte sich dort wohl fühlen. Das liegt an den warmen und auch klaren Farben, die von den stehengelassenen Weißflächen unterstrichen werden.

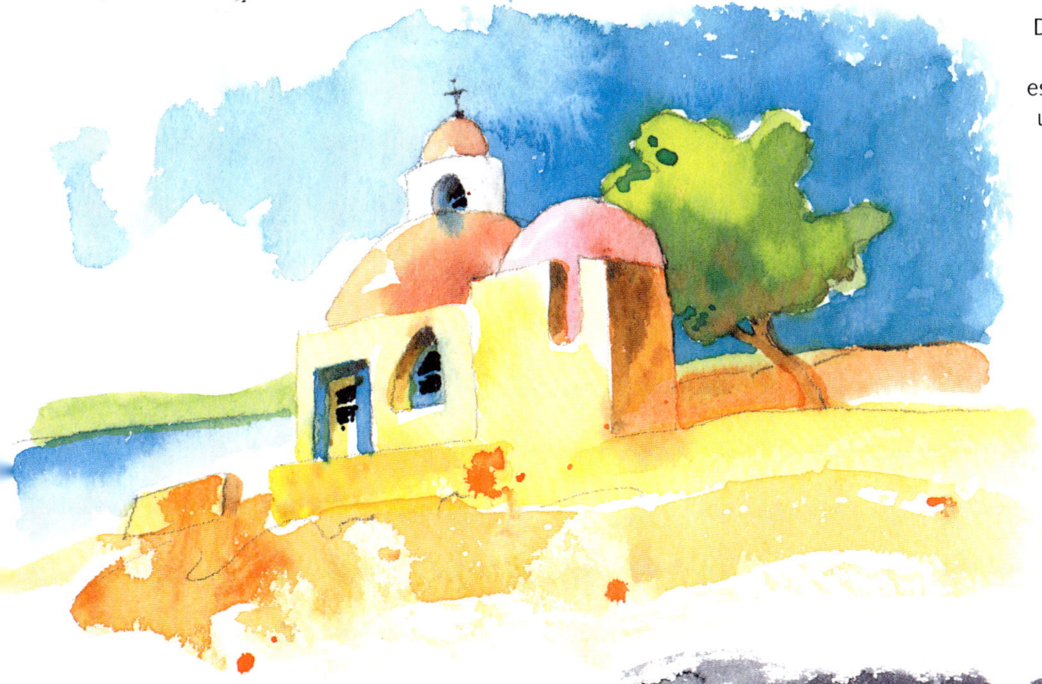

Doch nun hat sich die Stimmung vollkommen verändert. Bedrohlich fast wirkt der düstere Himmel, das Gebäude kalt und unnahbar, man möchte sich dort im Moment nicht aufhalten. In diesem Fall unterstützt das wenige Weiß die Dramatik des Bildes.

Ein Tip:
Malen Sie kleine Farbstimmungen ohne Motiv, bei denen Sie sich feste Themen stellen wie z. B. eine düstere Stimmung oder Fröhlichkeit. Zeigen Sie sie einem Unbeteiligten und fragen Sie ihn nach seinem Eindruck. Das hilft Ihnen, im Umgang mit Farben Sicherheit zu gewinnen.

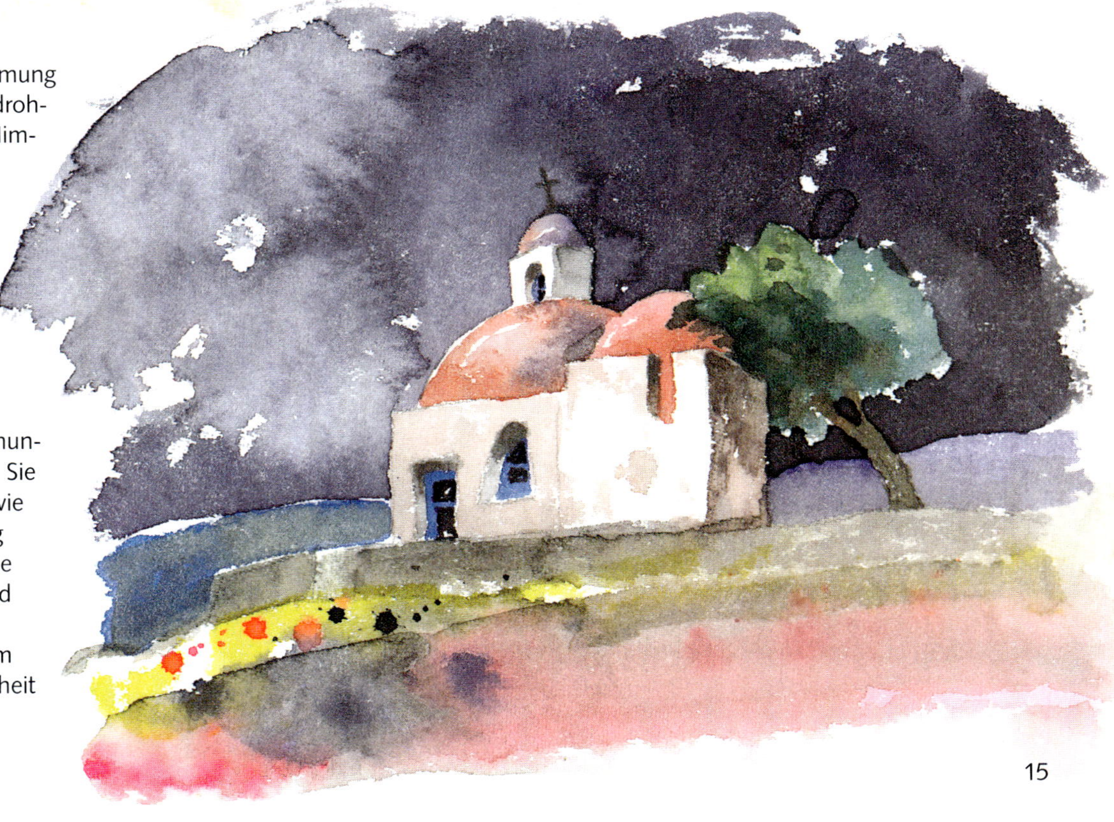

Farbreflexionen

Wenn Sie Ihre Umgebung aufmerksam betrachten, werden Sie feststellen, daß auch eine scheinbar einfarbige Farbfläche viele verschiedene Farbnuancen aufweist und nicht nur aus einer einzigen Farbe besteht. Durch Licht, Schatten und Farbreflexionen beeinflussen sich die Farbflächen untereinander. Diese Tatsache haben die französischen Impressionisten in besonderem Maß zum Bestandteil ihrer Malerei gemacht.

Das Spiel der Reflexe und die Lichtbewegungen lassen ihre Bilder zu Farbabenteuern werden, in denen sich die lokalen Farbtönungen durch das Ineinanderwirken der Farben verwandeln. Beginnen wir mit dem einfachen Beispiel unten, das nur aus zwei Farben besteht, Schwarz und Ultramarinblau. Das Blau der Gewitterwolken wiederholt sich immer wieder in dem Himmel, aber auch in den Bäumen und auf dem Boden vor dem Haus. Das weiß belassene Haus wird lediglich durch die es umgebenden kräftigen Töne hervorgehoben, das Auge wird gezielt zu diesem Bildmittelpunkt geführt.

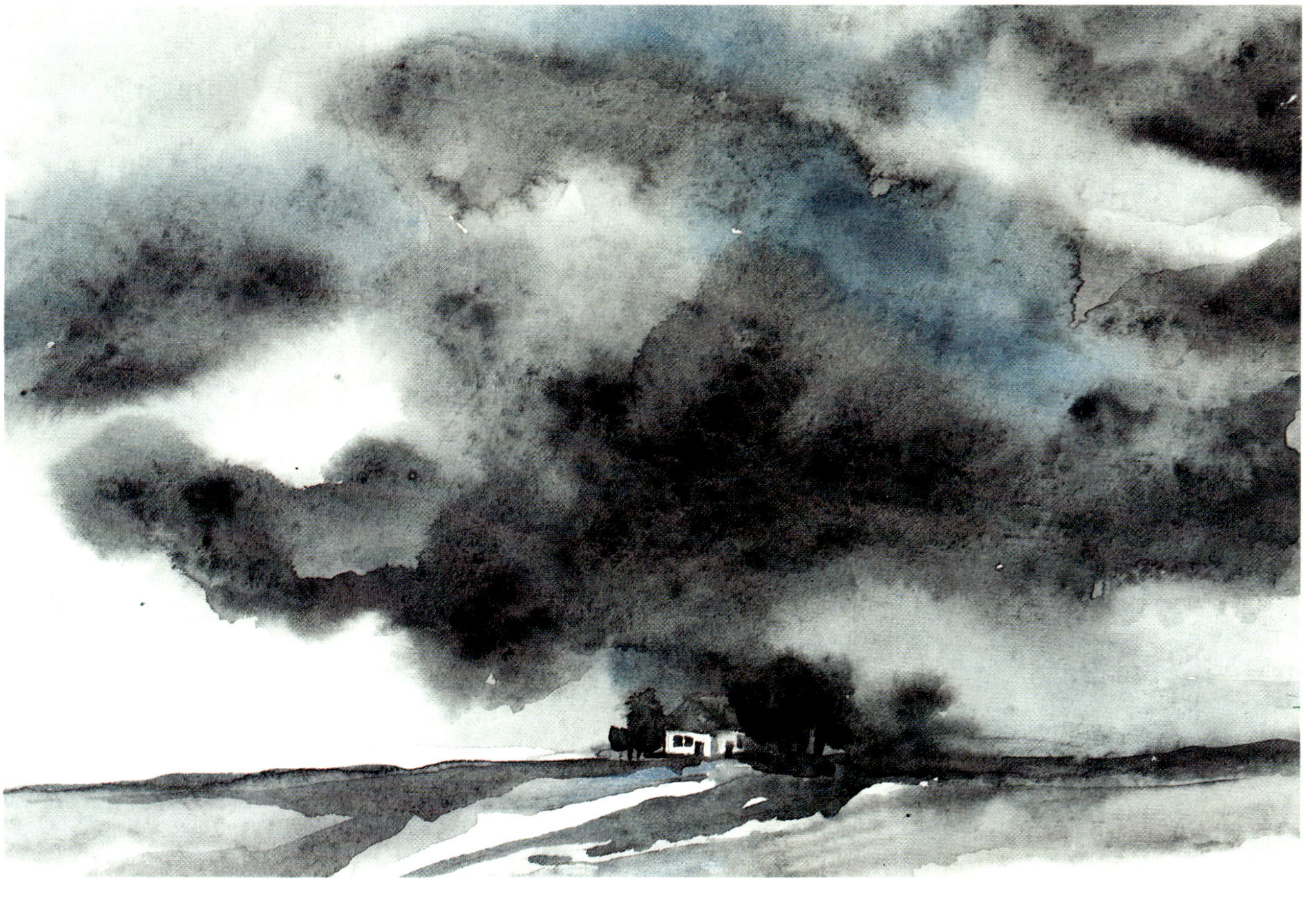

Das Spiel mit Farbwiederholungen sehen Sie auch in der kleinen Skizze rechts, nun aber mit mehreren Farben. Das Gelb wurde im Himmel ebenso wie auf der Wiese und dem Haus eingesetzt, auch das Blau wiederholt sich an mehreren Stellen. Einfarbige Flächen werden auf diese Weise lebendig, ohne den Eindruck der Einfarbigkeit zu verlieren.

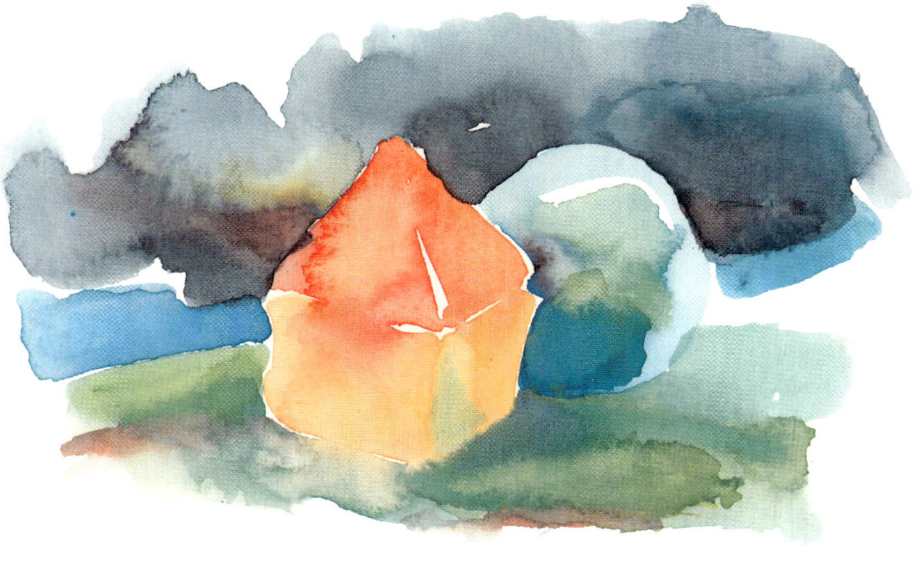

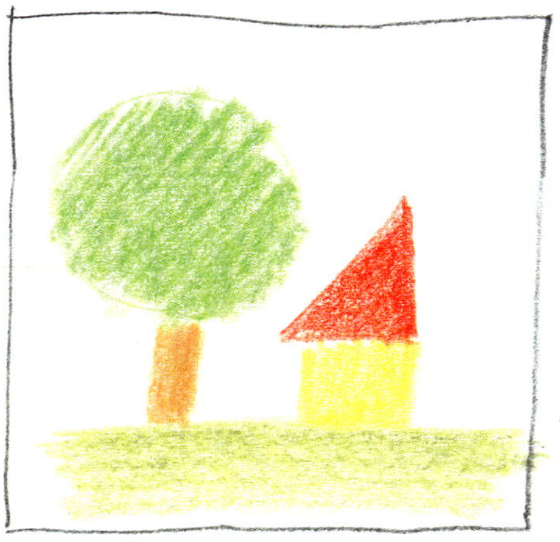

Vergleichen Sie die linke Skizze mit der rechten. Im Grunde ist die Farbgebung bei beiden die gleiche: grüner Baum, rotes Dach, gelbes Haus und grüne Wiese. Während das Bild flach und langweilig wirkt, erscheint das gleiche Motiv rechts wesentlich malerischer und plastischer. Das liegt an den sich wiederholenden Farben und den gestalteten Flächen, die so viel lebendiger wirken.

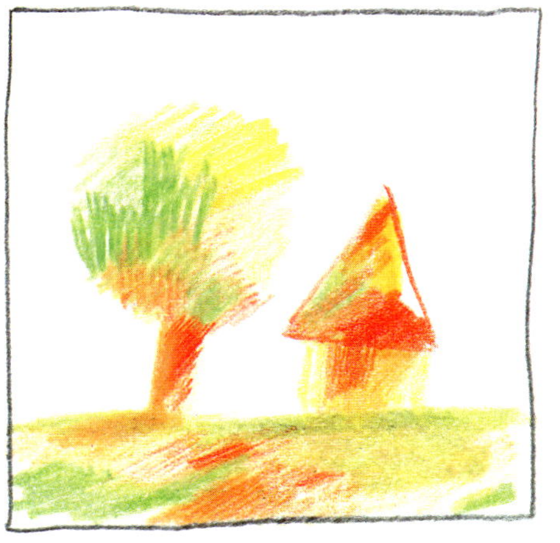

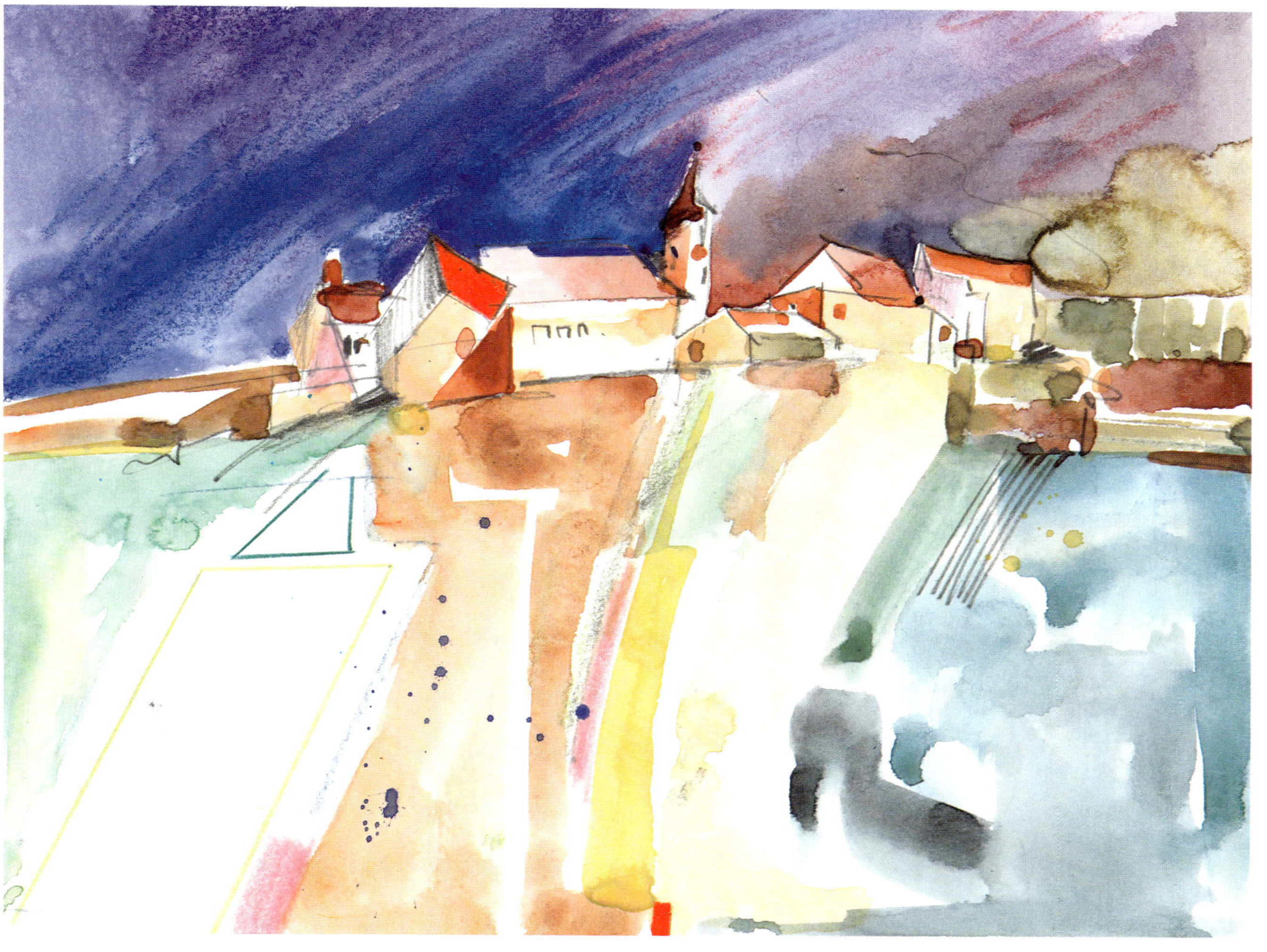

Eigentlich eine ganz einfache Komposition: Himmel, Dorf und Felder. Ungewöhnlich wird sie erst durch die Farbflächen, die aber bei aller Buntheit doch nicht verfremden. In dem Ausschnitt rechts können Sie die Verteilung der Rotflächen besonders deutlich erkennen. Verfolgen Sie auch einmal die Blau- und Grünelemente in dem Bild.

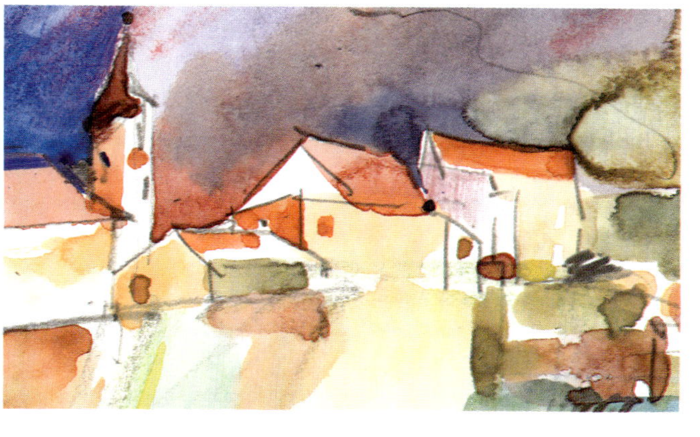

Techniken ausprobieren

Schauen wir uns nun die verschiedenen Techniken in der Anwendung an. Eine gute Übung für Sie ist es, einfach ein paar kleine Kompositionen zu machen, in denen Sie unterschiedliche Möglichkeiten ausprobieren. Mischen Sie Farben und lassen Sie sich von Ihrer Umgebung anregen, malen Sie einfach Dinge, die Sie gerade sehen oder die Ihnen in den Sinn kommen. Es muß ja nicht immer alles gleich perfekt sein.

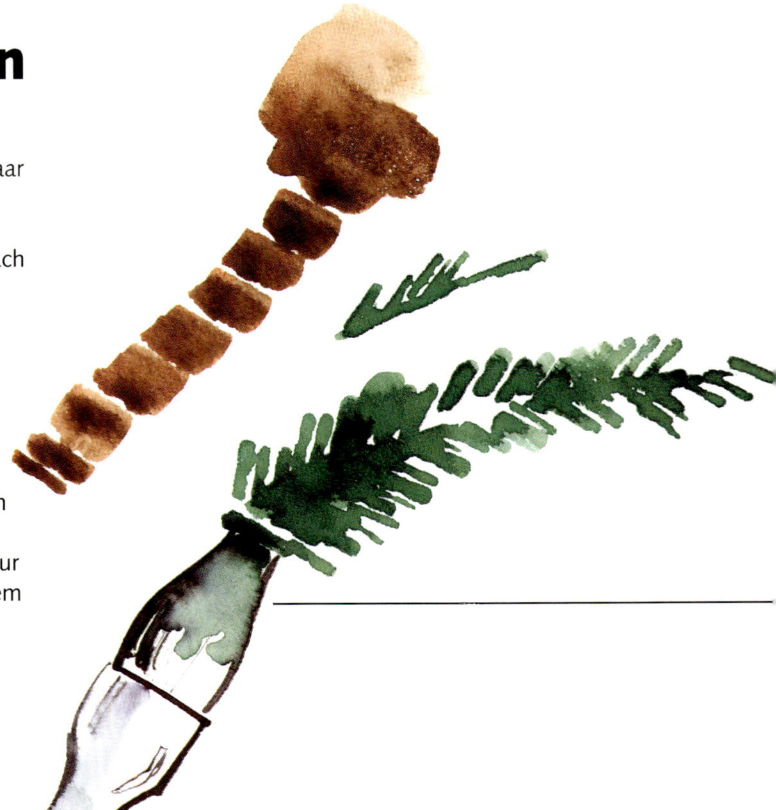

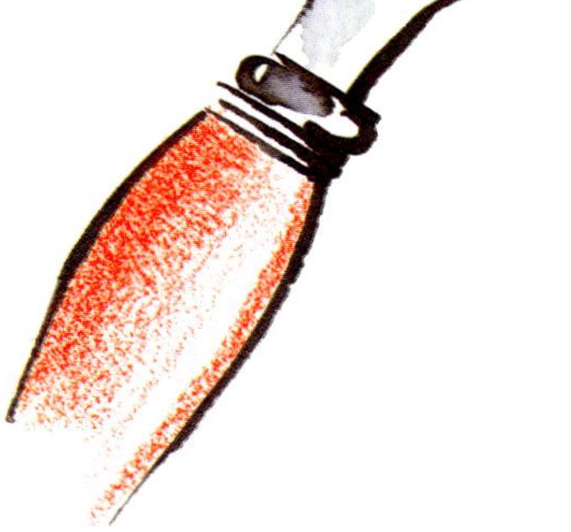

Naß auf trocken

Die Palme habe ich auf trockenen Untergrund gemalt. Dazu habe ich einen Langhaar-Flachpinsel verwendet, mit dem ich den Stamm in einer unterbrochenen Linie gemalt habe. Die Palmenblätter sind mit der breiten Pinselspitze aufgetupft. Nur das Innere der Palme verläuft naß in naß. Die Spritzer auf dem trockenen Grund geben dem Baum mehr Leichtigkeit und Fülle.

Trocken auf trocken

Mit fast trockenem Pinsel habe ich die kleine Pflanze (unten) über die bereits getrocknete Farbfläche gemalt. Der Untergrund wurde naß in naß verwaschen.

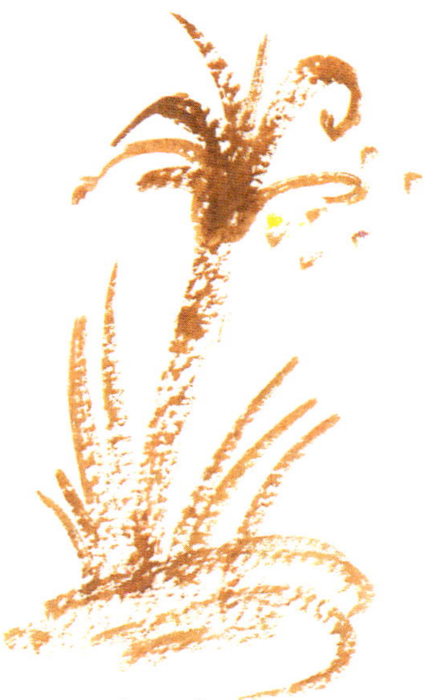

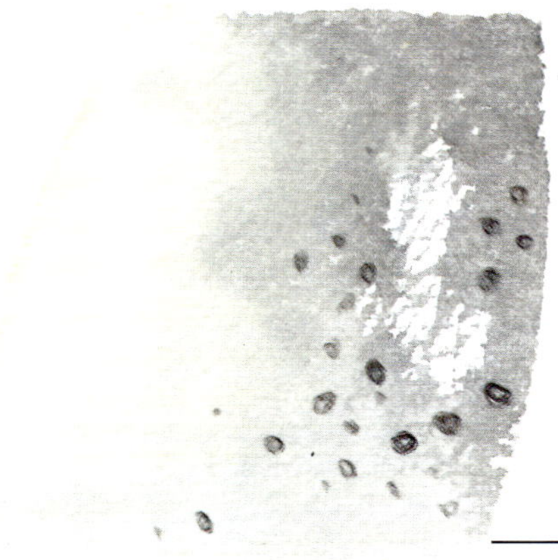

Es gibt viele Arten, Mauern darzustellen. Für den vorderen Turm habe ich die Naß-in-Naß-Technik gewählt und mit Bleistift die „Unebenheiten“, die Punkte, hineingezeichnet. Der hintere Turm erhält seine Struktur durch teilweise trockene Pinselstriche.

Fixogum und Feder

Zwei Spielereien am Fuß der Palme: Die Punkte aus Fixogum werden zu kleinen Blüten. Wie Sie rechts sehen, kann man mit dem Rubbelkrepp auch zeichnen. Man handhabt die Tube einfach wie einen Stift. Natürlich darf Rubbelkrepp nur auf trockenen Untergrund gesetzt werden, und beim späteren Abrubbeln sollte die Farbe gut getrocknet sein, damit sie nicht verschmiert.
Mit feiner Feder in die nasse Farbe zeichnen ergibt sehr lebendige Linien, die je nach Tuschemenge mehr oder weniger verlaufen. Ich tauche die Feder mit der Tusche auch oft in Wasser, um die Tusche etwas zu verdünnen.

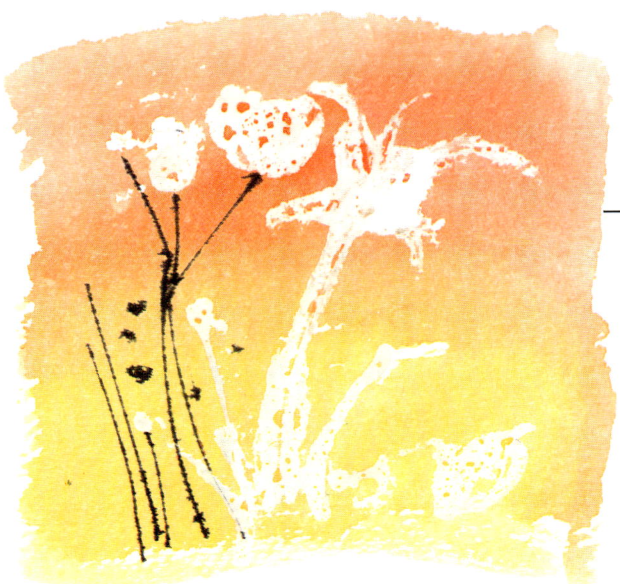

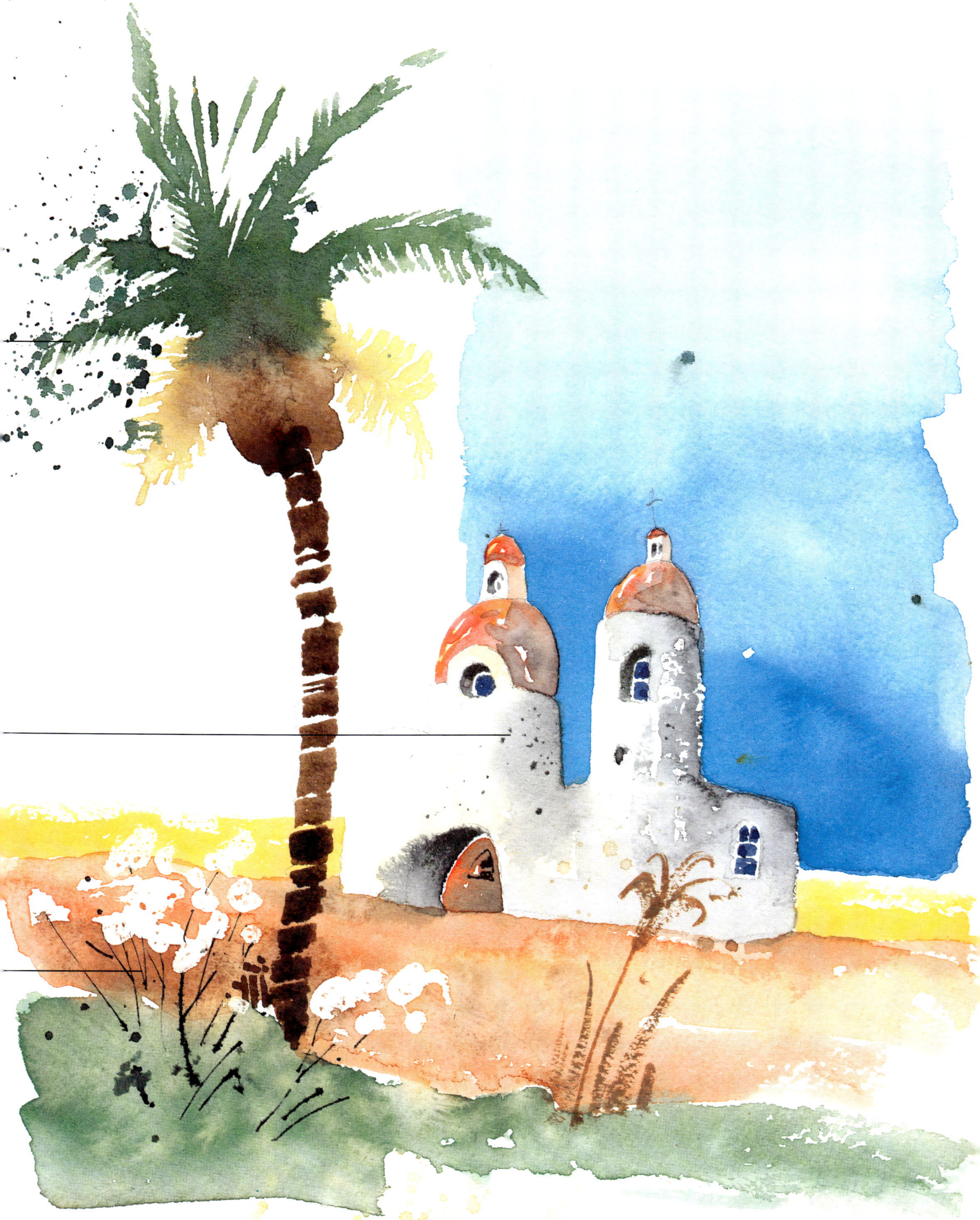

Sehen lernen

Vielleicht wundern Sie sich etwas über diese Überschrift, denn Sehen ist ja kein Kunststück. Und doch lassen Erfahrung und Sehgewohnheit uns meistens nicht so genau hinschauen. Wir sehen zwar Dinge, aber wir erfassen sie nicht unbedingt. Um aber etwas zu Papier bringen zu können, muß man genau wissen, wie es aussieht. Dazu gehört nicht nur das Wahrnehmen eines Gegenstandes, sondern auch das Beobachten seines Umfeldes, der Flächen und Formen, die den Gegenstand umgeben.
Nun sind gerade Gebäude und Häuser übersät von Details und Dingen, die man gar nicht alle festhalten kann. Darum ist es wichtig, das, was wir sehen, auf dem Papier zuerst zu reduzieren und zu vereinfachen, erst später können wir uns dann mit den Details beschäftigen. Eine große Hilfe ist dabei das Umsetzen in einfache Formen. Wir können uns im allgemeinen auf fünf Grundformen beschränken: Quadrat, Dreieck, Kreis, Rechteck und Oval.

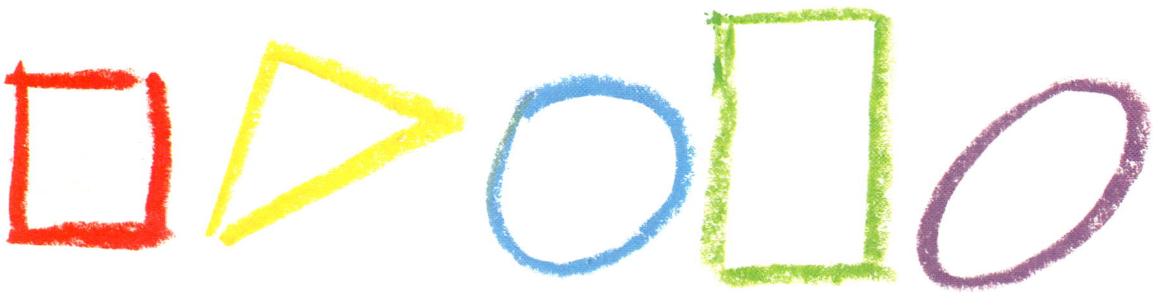

Beim Vorskizzieren von Bildern empfiehlt es sich – bei Gebäuden auch wegen der Perspektive –, die Formen zuerst einmal durchgehend zu zeichnen, also auch Verdecktes mitzuskizzieren. Schauen Sie sich um und versuchen Sie das, was Sie so sehen, in die Grundformen aufzulösen. Eine Baumkrone kann rund sein, ein Haus rechteckig, ein Turm dreieckig.

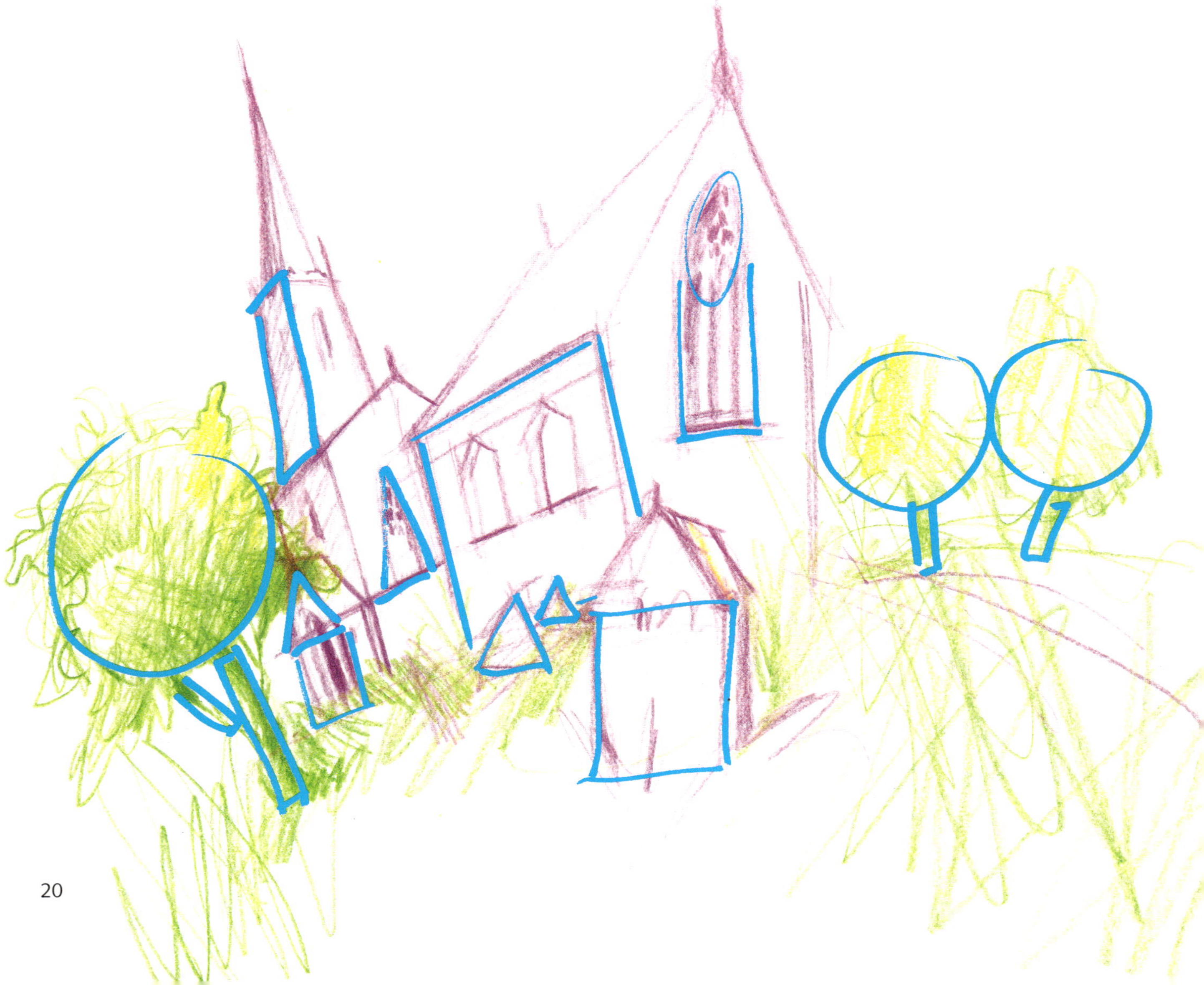

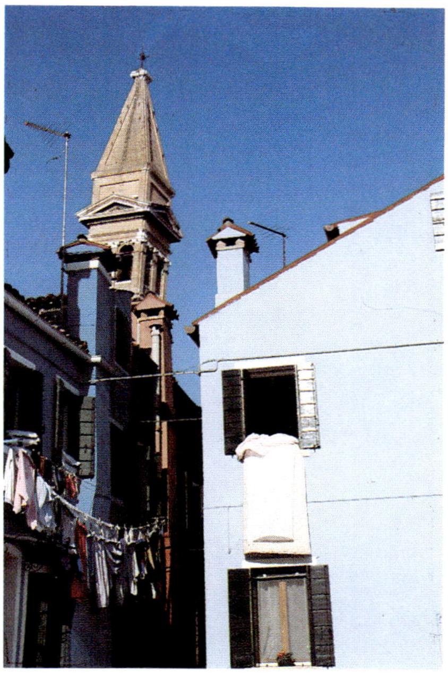

Sehen wir uns das in der Praxis an. Natürlich ist bei einem Foto der Ausschnitt vorgegeben, während Sie ihn sich in der Natur selbst suchen müssen. Zuerst vereinfache ich die Flächen und Formen, setze sie in Grundformen um (rechts). Erst danach beschäftige ich mich mit Farben und Helligkeitswerten. (Mehr dazu auf den Seiten 22 bis 27.)
Versuchen Sie schon in der Vorskizze das Typische eines Bauwerks zu erfassen und lassen Sie weg, was Ihnen unnötig erscheint.
Dazu ein Beispiel unten.

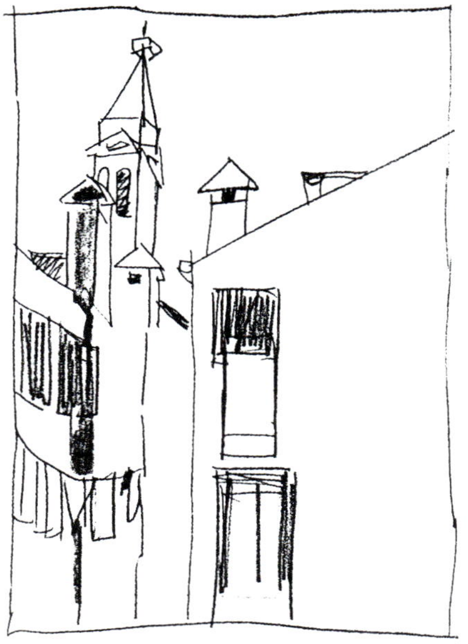

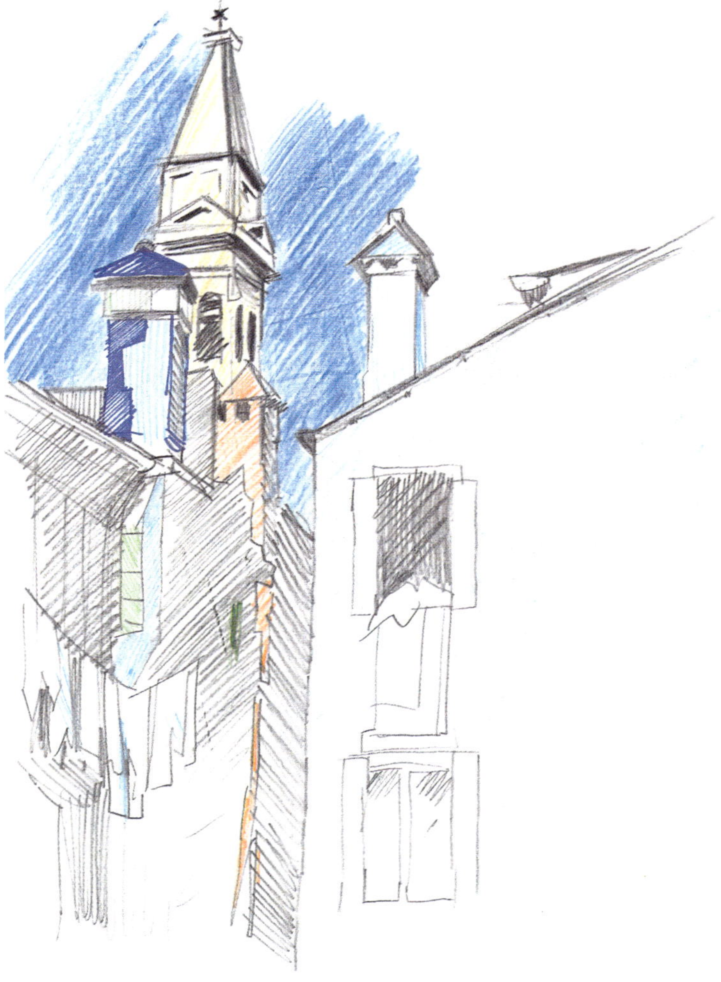

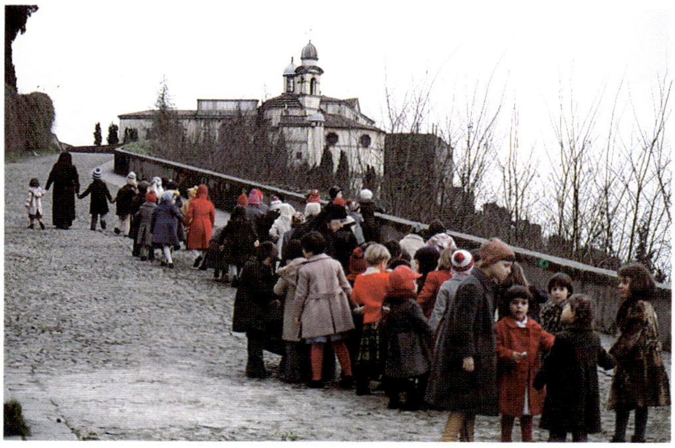

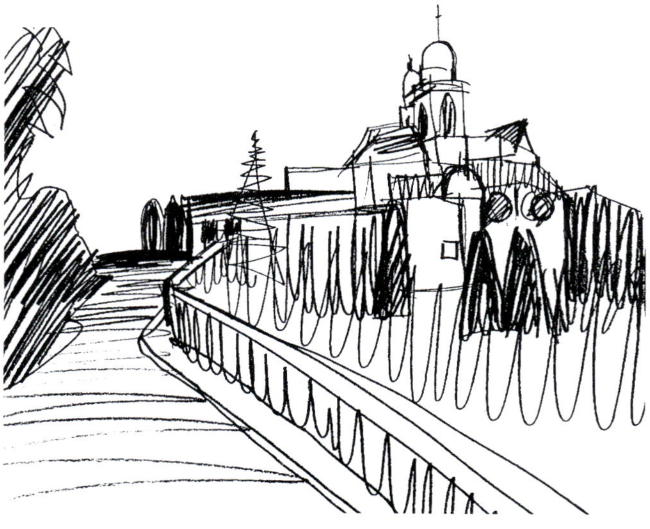

Der Weg zur Kirche hat mir gefallen, die vielen Menschen aber wollte ich eigentlich nicht festhalten. Dann habe ich Gebäude und Weg in die Grundformen zerlegt und mir so in einfacher Form die Proportionen „notiert".
Machen sie ein paar Übungen, aus denen nicht unbedingt Bilder werden müssen. Setzen Sie Häuser oder Straßen in einfache, klare Formen um und bauen Sie sie sozusagen auf dem Papier neu auf.

Positive und negative Flächen

Sobald ein Motiv in einem Rahmen steht, egal ob Bilderrahmen oder Papierkante, bekommen die durch die Begrenzung entstehenden Flächen eine Bedeutung. Diese „negativen" Flächen können das Motiv beeinflussen, erdrücken, hervorheben, sie spielen in der Komposition eine ebenso große Rolle wie die „positiven" Flächen, also die Gegenstände im Bild, die wir sofort als solche erkennen.

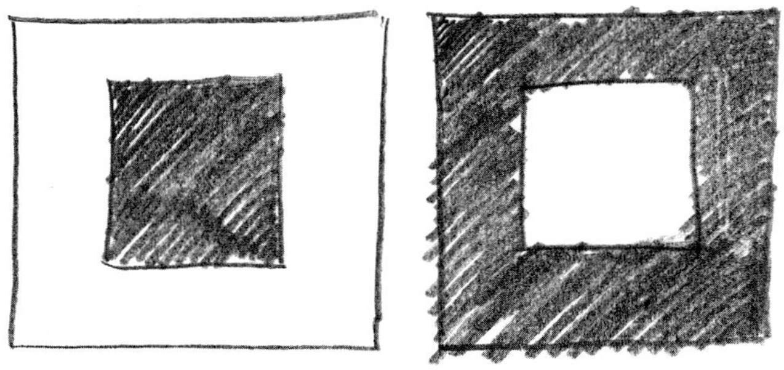

Welche der Flächen oben hat mehr Gewicht? Die schwarze innen, die schwarze außen? Oder die weiße innen? Wir können unsere Augen wandern lassen, dann sehen wir sie positiv oder negativ, das Viereck als Loch oder als aufliegende Fläche.

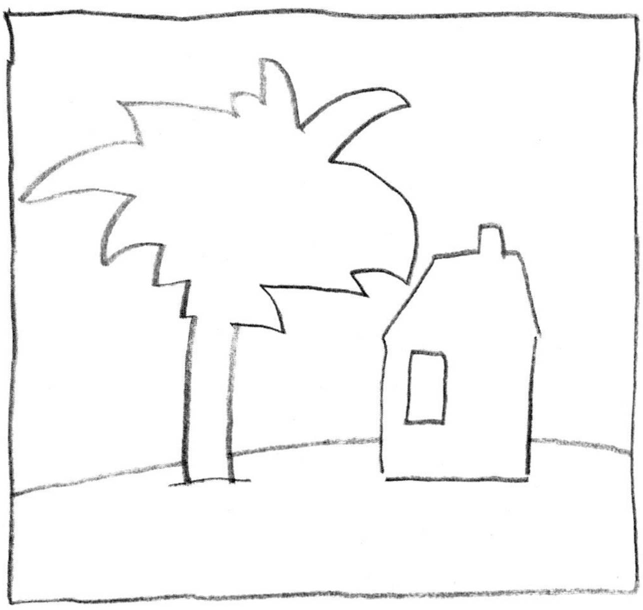

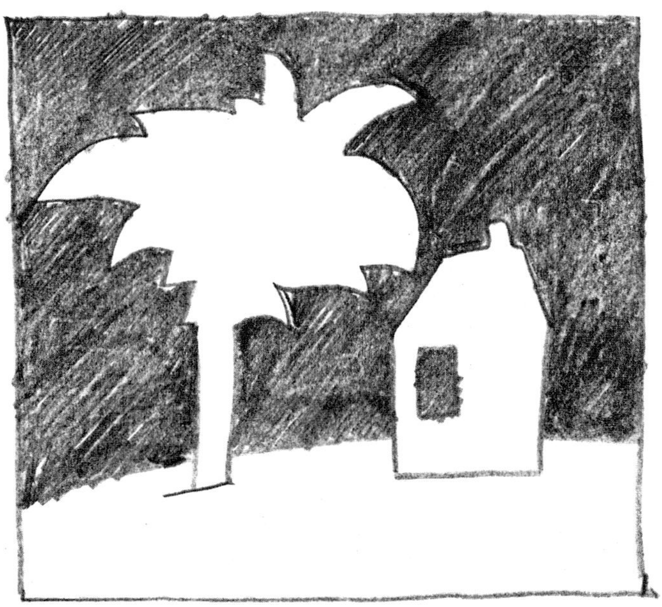

Die negativen Flächen müssen ebenso geplant werden wie die positiven. Unsere Sehgewohnheit läßt uns oben in erster Linie Haus und Baum erkennen, auch wenn nur Linien zu sehen sind. Dem entspricht die Flächenverteilung auf dem Bild unten: wichtig sind nur Baum und Haus.

Dabei hat auch der Hintergrund eine sehr markante Form, wie Sie oben sehen. Er kann zum wichtigsten Bildelement werden, wenn er genügend betont wird.
Aber auch der Untergrund hat seine eigene Form (unten), die in ausgewogenem Verhältnis zu den anderen Bildflächen stehen sollte.

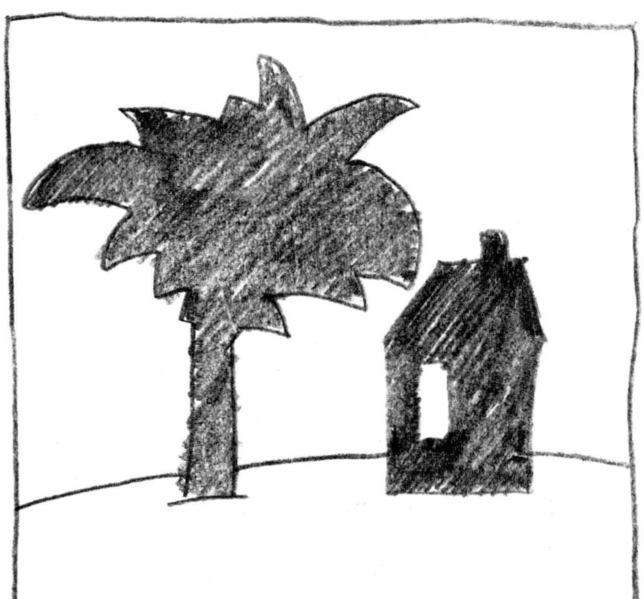

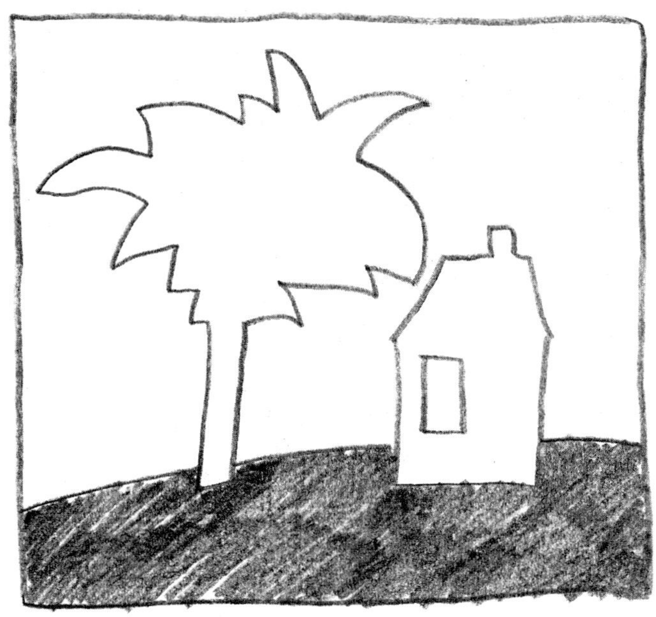

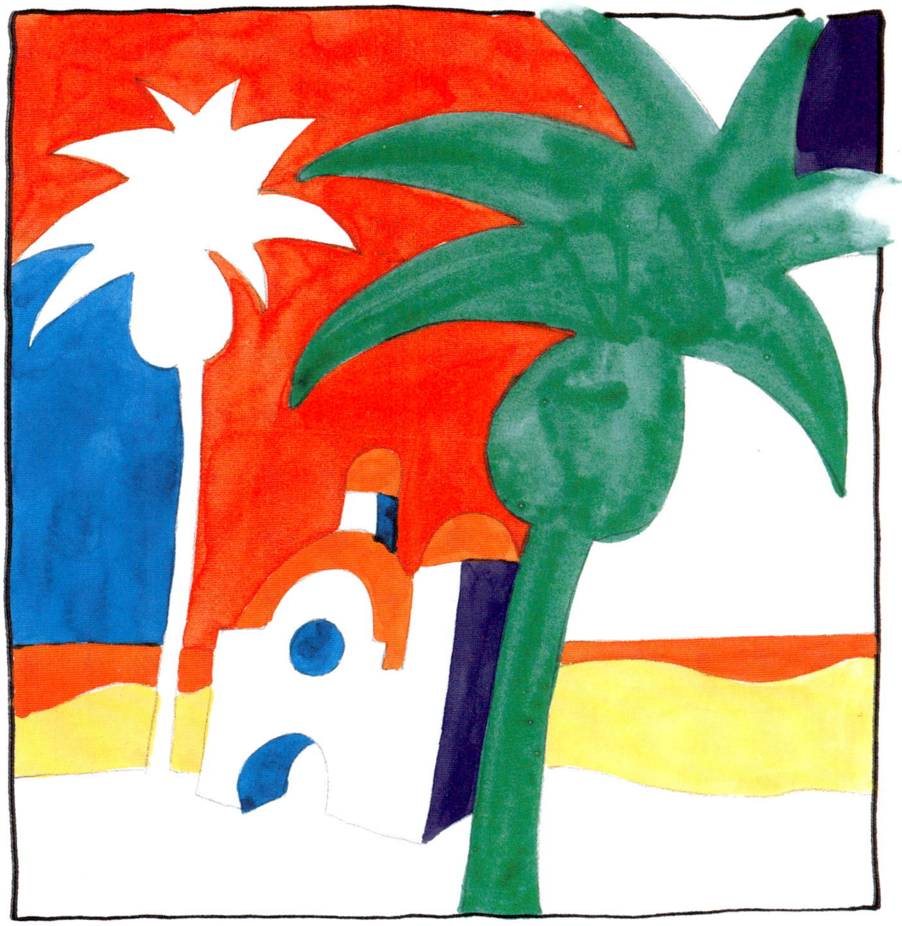

Um Ihnen die vielen Variationen von positiven und negativen Flächen-Spielereien besser zeigen zu können, habe ich hier eine einfache Komposition und klare Farben gewählt. Die Aussage der Farben spielt keine Rolle.
Wichtig sind nur noch die Flächen, wir beachten auch das Motiv nicht weiter. Plötzlich nämlich dominiert der rote Hintergrund, während die grüne Palme ganz unwichtig wird. Die blaue Fläche fällt stärker ins Gewicht als der weiße Baum, der auf die gleiche Stufe gestellt wird wie die Fläche unten und rechts oben.

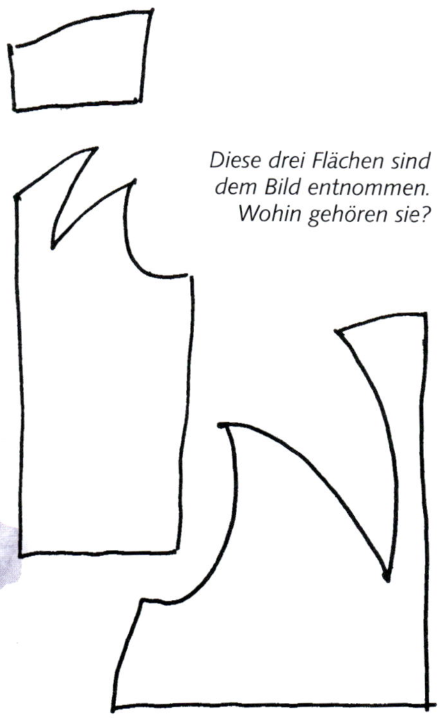

Diese drei Flächen sind dem Bild entnommen. Wohin gehören sie?

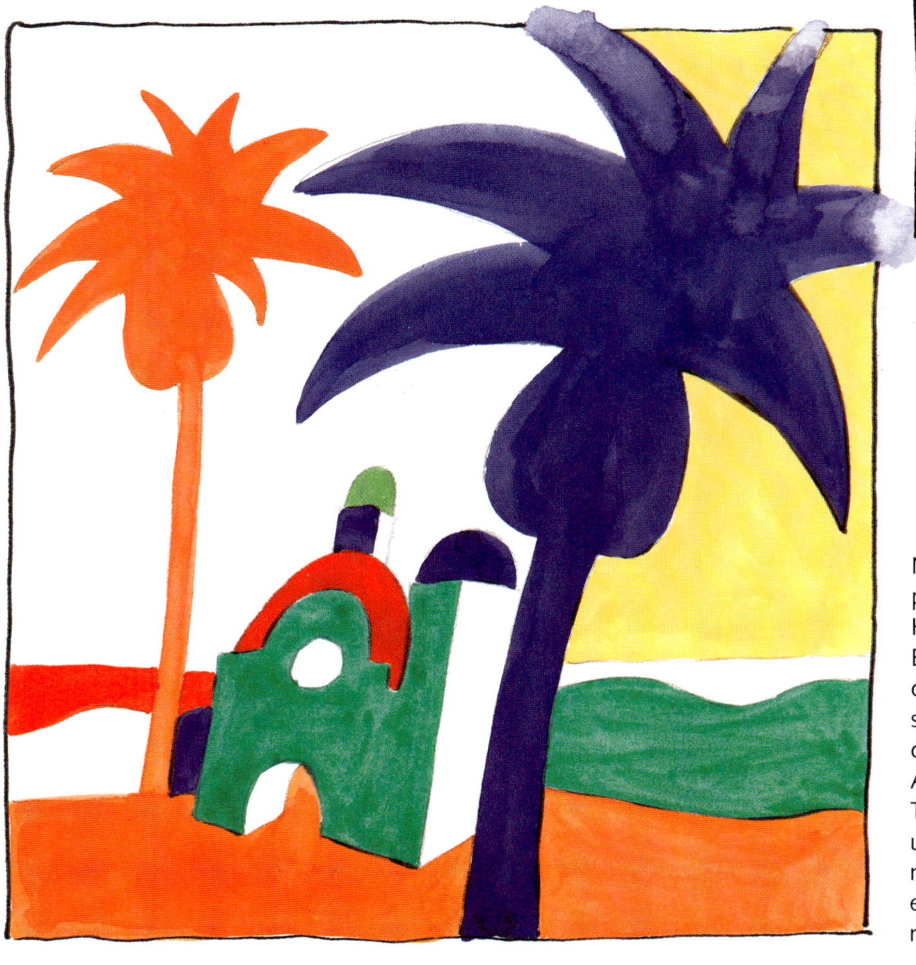

Nun treten die Bäume in den Mittelpunkt, der Boden wird wichtiger als der Hintergrund.
Eine gute Übung: Versuchen Sie Bilder, die Sie haben (es können auch Fotos sein), in ihre Flächen zu zerlegen, ohne dabei auf das Motiv zu achten.
Am einfachsten ist es, wenn Sie ein Transparentpapier über ein Bild legen und die einzelnen Flächen nachzeichnen. Färben Sie dann einige der Flächen ein – es entstehen Bilder mit völlig neuen Schwerpunkten.

Perspektive

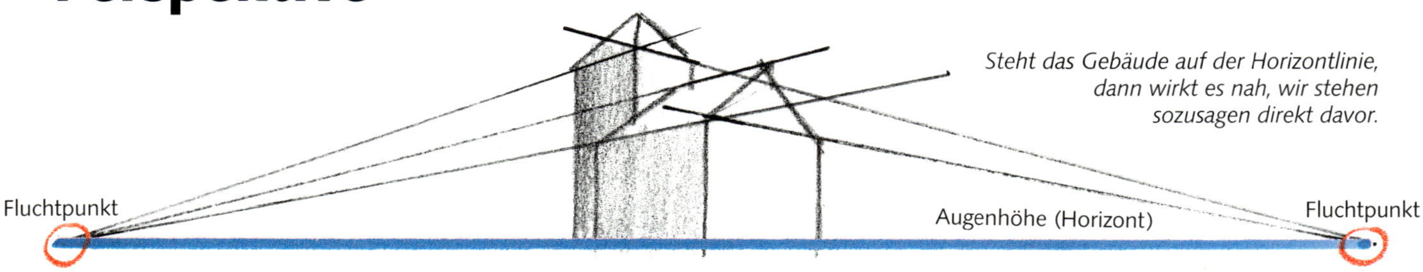

Steht das Gebäude auf der Horizontlinie, dann wirkt es nah, wir stehen sozusagen direkt davor.

Früher kamen Künstler gut ohne die uns heute so vertraute perspektivische Darstellung aus, sie fanden andere Wege, Nähe und Ferne auszudrücken. So war z. B. in Ägypten und im Orient alles, was oben im Bild angesiedelt war, weit entfernt, alles im unteren Teil stellte den Vordergrund dar. Dabei spielte die Größe der Gegenstände oder Figuren keine Rolle. In Europa begannen die Künstler der Renaissance damit, ihren Kompositionen Räumlichkeit zu geben. Für das Malen von Häusern und Gebäuden ist es sicher wichtig, über die Perspektive Bescheid zu wissen. Sie sollten sich aber von ihr nicht einschränken lassen. Eugène Delacroix sagte einmal, daß man die Anatomie und die Perspektive studieren, dann aber wieder vergessen sollte.

Machen wir es also ganz einfach: Unsere Augenhöhe stellt die Horizontlinie dar, unabhängig davon, ob wir auf einem Berg stehen oder am Boden liegen. Die Ansicht eines Gebäudes hängt von der Lage des Fluchtpunktes ab und diese wiederum vom Standpunkt des Betrachters. In dem Fluchtpunkt verlaufen alle horizontalen Linien ins Unendliche. Wir suchen also einen oder zwei Fluchtpunkte auf dem Horizont und lassen alle horizontalen Linien dorthin verlaufen. Die vertikalen Linien stehen rechtwinklig zum Horizont.

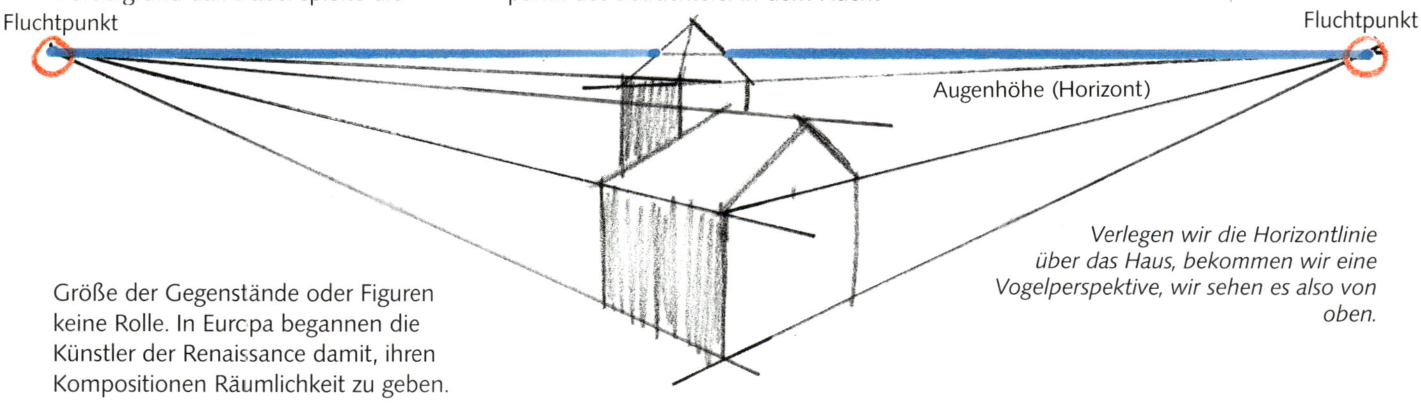

Verlegen wir die Horizontlinie über das Haus, bekommen wir eine Vogelperspektive, wir sehen es also von oben.

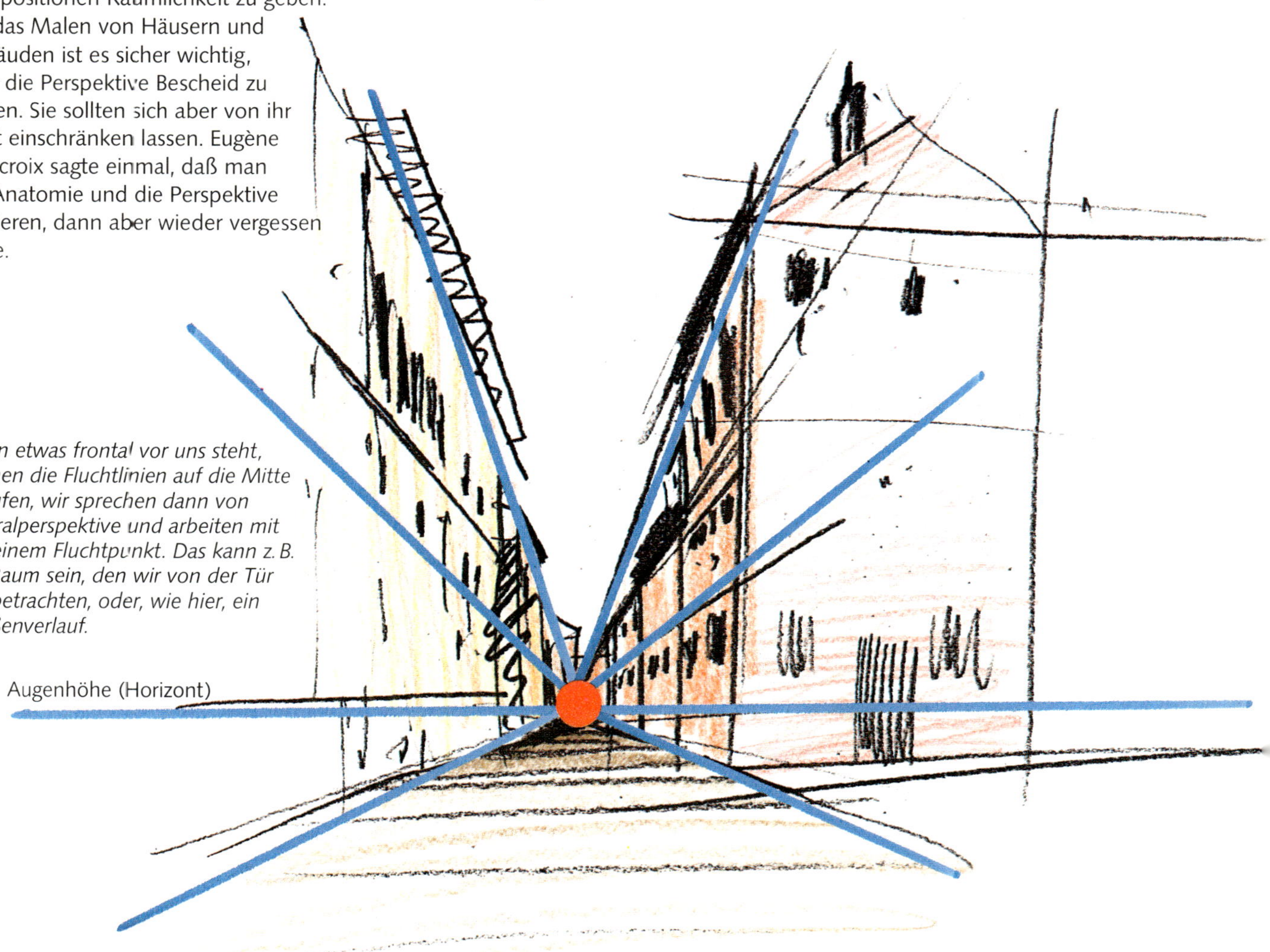

Wenn etwas frontal vor uns steht, können die Fluchtlinien auf die Mitte zulaufen, wir sprechen dann von Zentralperspektive und arbeiten mit nur einem Fluchtpunkt. Das kann z. B. ein Raum sein, den wir von der Tür aus betrachten, oder, wie hier, ein Straßenverlauf.

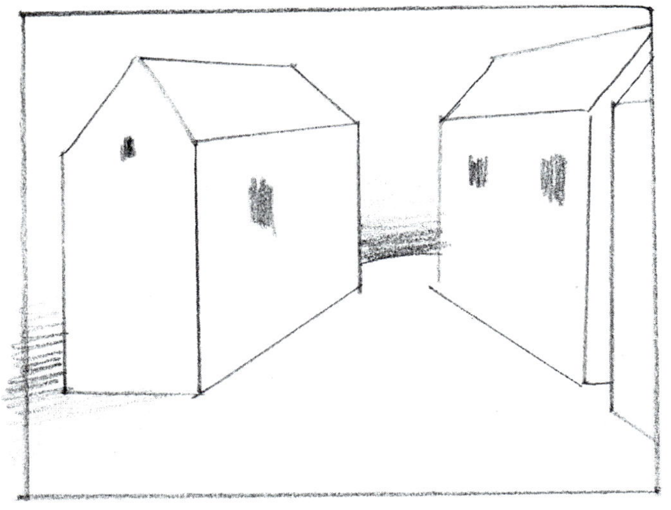

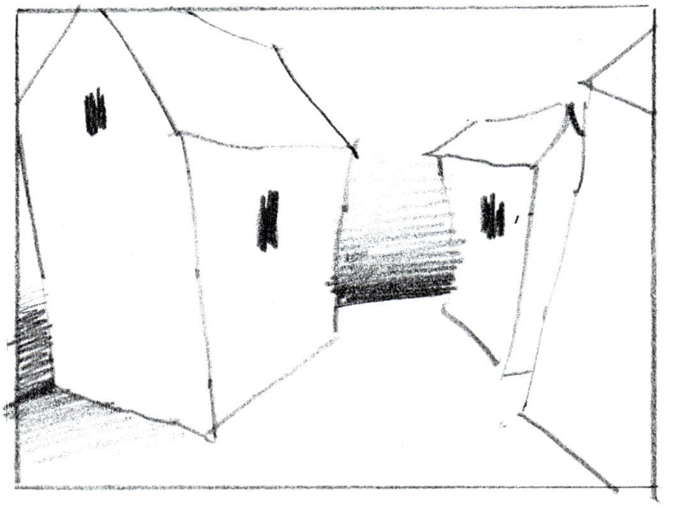

Für unsere Aquarellbilder haben wir jedoch nicht den Anspruch, daß die Häuser oder Gebäude perspektivisch stimmen, sie sollen nur „richtig“ wirken. Vergleichen Sie die beiden Bilder oben: Welches erscheint Ihnen interessanter? Links stimmt die Perspektive, das Bild wirkt jedoch wie eine Architekturzeichnung und besitzt daher keinen besonderen künstlerischen Reiz.
Lebendig wird das Motiv erst durch das Verzerren und Verschieben der Formen. Obwohl die vertikalen Linien hier nicht mehr „im Lot“ sind, fallen die Häuser nicht um.

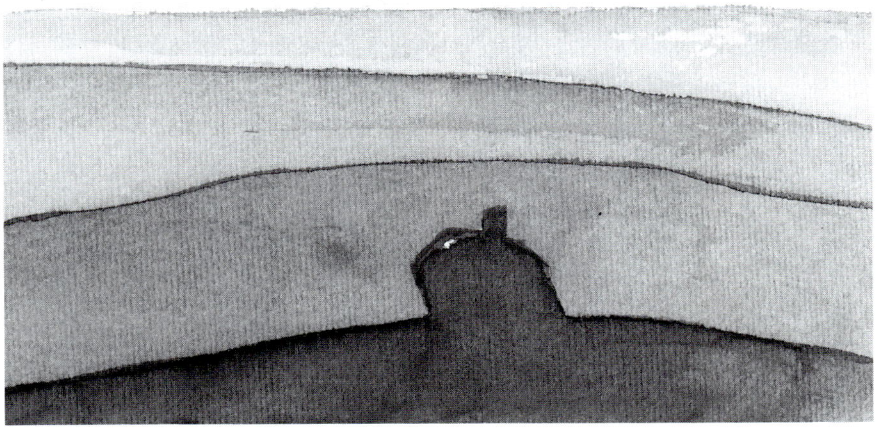

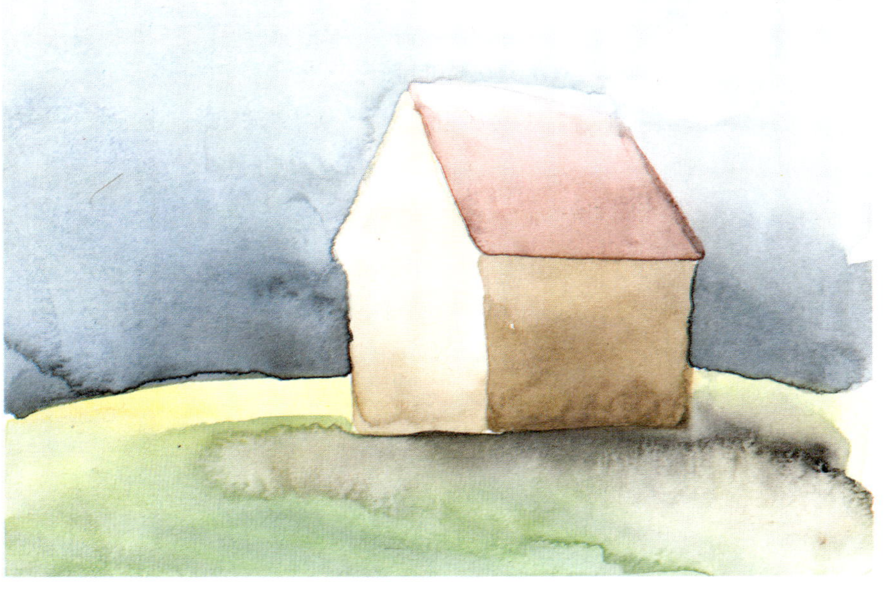

Ein Tip: Wenn Sie Architektur übertreiben, lassen Sie die Senkrechten nach außen fallen, denn dort werden sie vom Bildrand aufgefangen. Beugen sich die Linien nach innen, wirkt es, als würden die Gebäude gleich einstürzen.
In der Malerei gibt es noch ein anderes Phänomen, die Luftperspektive. Dinge, die weit von Ihnen entfernt sind, wirken nicht nur kleiner, sondern auch heller als das, was um Sie herum ist. Die Luft, die zwischen Ihnen und den entfernten Objekten liegt, läßt diese im Dunst verschwimmen, macht sie weicher und weniger klar. Das bedeutet für die Malerei allgemein: Gegenstände, die nah wirken sollen, sind dunkler und farbintensiver als die weiter entfernten. Tiefe läßt sich also durch die Tonwerte verstärken.
Das gleiche gilt auch für die Höhe. Wird ein Dach oben heller, ist also mehr Luft und Licht zwischen uns und dem Dach, bekommt das Gebäude mehr Höhe, mehr Atmosphäre. (Beispiele dazu auch bei Jos K. Biersack, Seite 44/45.)

Licht und Schatten

Durch die perspektivische Darstellung von Gebäuden entsteht Räumlichkeit und Tiefe. Daneben sind aber Licht und Schatten für die Gestaltung von Gebäuden besonders wichtig. Eigenheiten treten deutlicher hervor, Nischen und Ecken werden klarer, sobald ein Schatten zu sehen ist.
Das Haus links ist zwar als Haus zu erkennen, besitzt jedoch keine Plastizität. Nehmen wir einmal einen Lichteinfall von links an, dann bekommt die rechte Hausseite einen Schatten (Beispiel Mitte), und schon erhalten wir eine dreidimensionale Wirkung. Allerdings schwebt das Gebäude noch.
Erst der Schlagschatten verhilft ihm zu Standfestigkeit (rechts). Wir haben es also mit zwei Arten von Schatten zu tun: dem Eigenschatten (auch Körperschatten genannt) und dem Schlagschatten. Bei gleichwertigen Farbtönen von Gegenstand und Untergrund ist der Schlagschatten dunkler als der Eigenschatten.

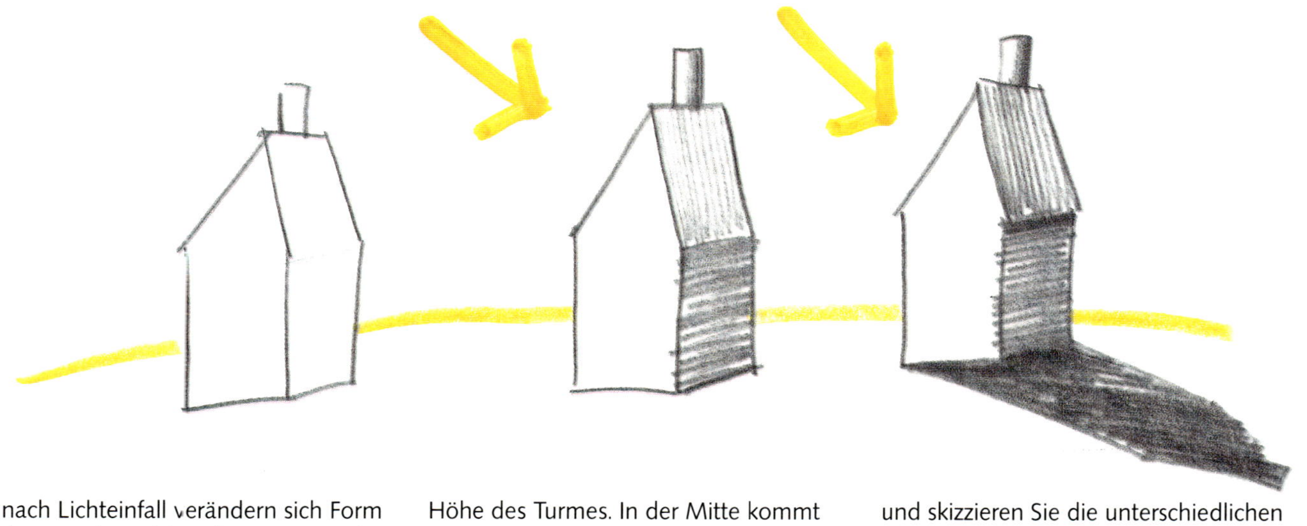

Je nach Lichteinfall verändern sich Form und Länge des Schlagschattens. Je tiefer das Licht hinter einem Objekt steht, um so länger wird der Schatten.
Ein paar Beispiele dazu unten: Links steht das Licht ungefähr auf halber Höhe des Turmes. In der Mitte kommt es direkt von oben, der Schatten ist entsprechend kurz, und rechts steht es tiefer und kommt von rechts.
Beleuchten Sie einmal einen rechteckigen Gegenstand von mehreren Seiten und skizzieren Sie die unterschiedlichen Schattenformen. Das wird Ihr Verständnis für Räumlichkeit schulen.

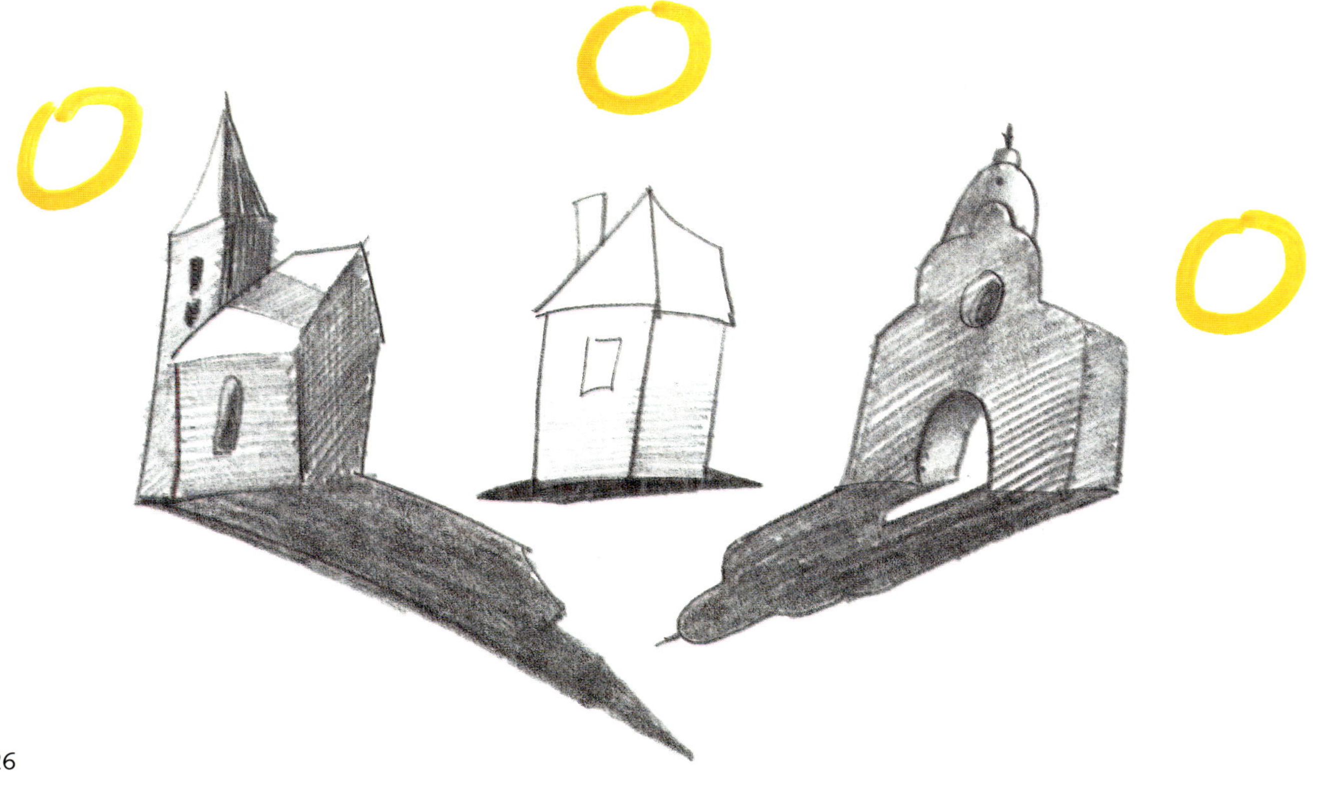

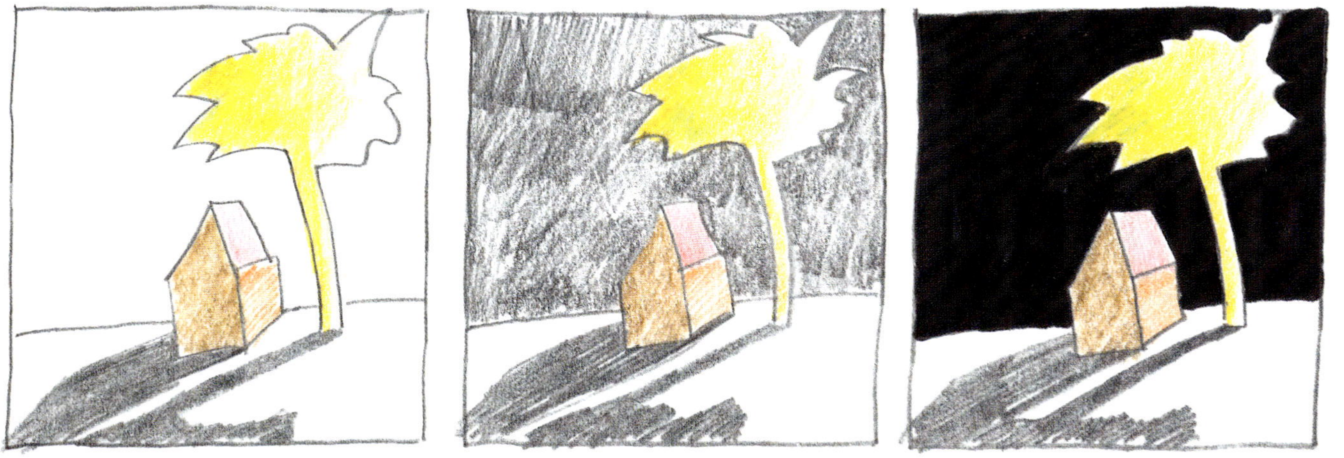

Der Schatten wird auch von dem beeinflußt, was um ihn herum geschieht. Schauen Sie sich die drei Bilder oben an. Hat der Schatten am Haus, der Eigenschatten also, immer den gleichen Helligkeitswert?
Auch wenn es nicht so aussieht: Ja, der Helligkeitswert ist in allen drei Bildern der gleiche. Je nach Umgebung aber wirkt der Schatten heller oder dunkler. Je dunkler der Hintergrund ist, um so heller wirkt der Schatten.

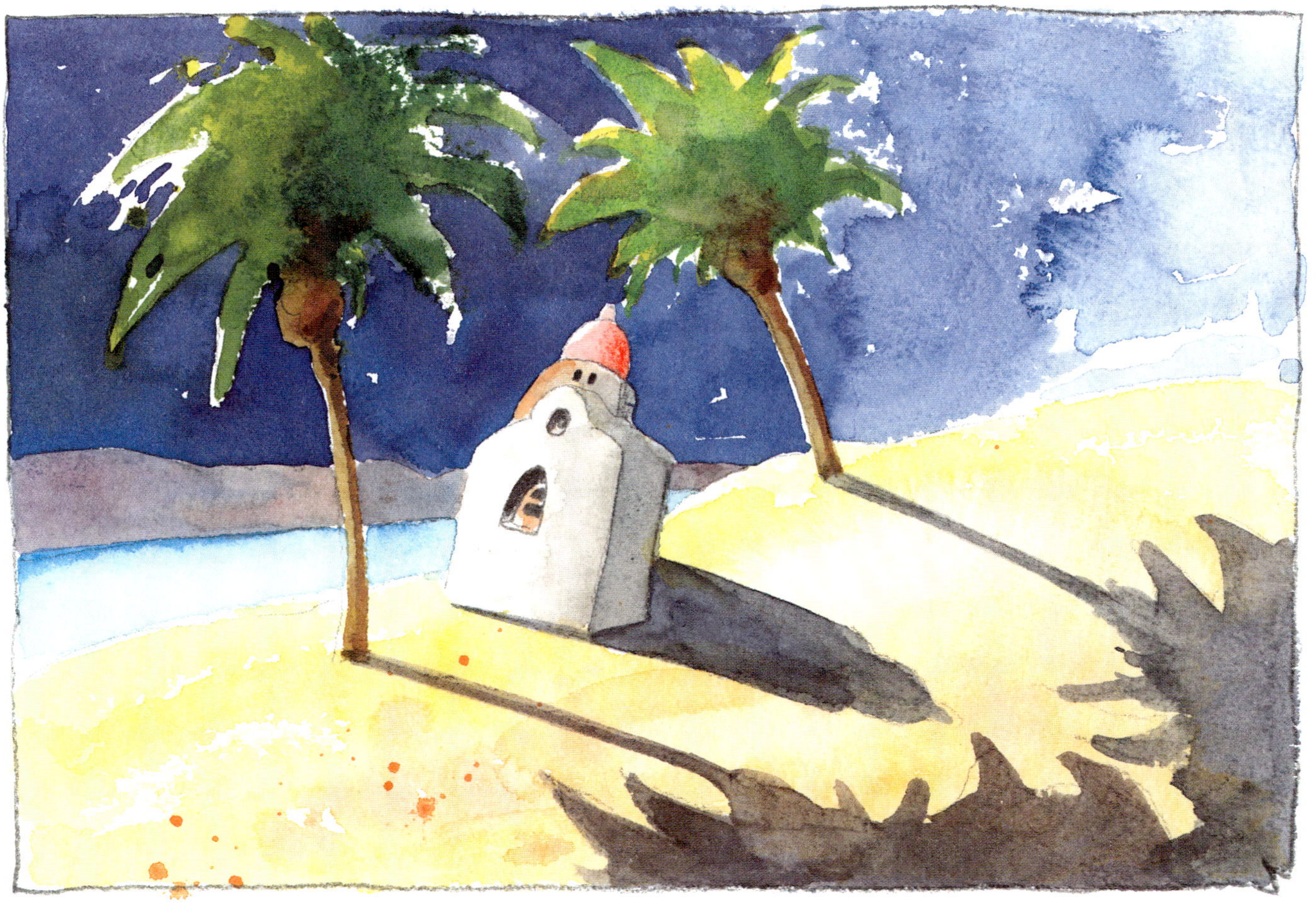

Leider gibt es keine feste Regel, in welchen Farben ein Schatten darzustellen ist. Genaugenommen bleibt das immer Ihnen überlassen. Nur eines ist sicher: er ist nie nur schwarz oder grau. Farben seiner Umgebung werden darin ebenso reflektiert wie der Untergrund, auf dem er liegt.

Schauen Sie sich den Schatten im Bild oben genau an. Sie finden darin den warmen Ton des Untergrundes, aber auch das Blau des Himmels und das Violett der Hügel.

Alles zusammen auf einen Blick

Nun wollen wir uns an fertigen Bildern alles noch einmal anschauen. Die positiven und negativen Flächen spielen in dem Bild unten eine besondere Rolle. Die weiß ausgesparten Flächen werden vom Auge automatisch zum vollständigen Gebäude zusammengesetzt.

Rechts habe ich die weißen Flächen schwarz dargestellt, um Ihnen die Positiv-Negativ-Wirkung zu verdeutlichen.

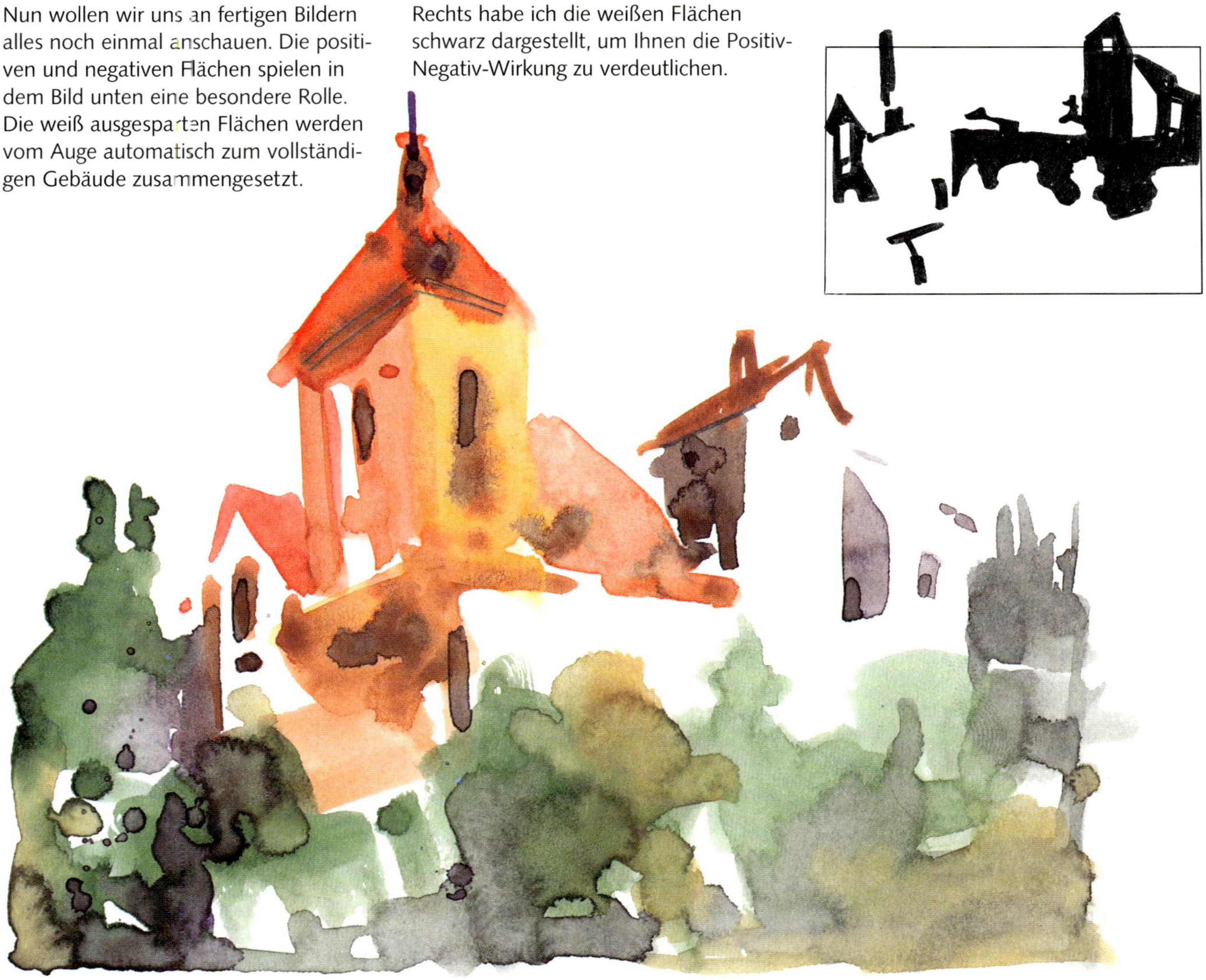

Die Perspektive versteckt sich ein bißchen hinter den vielen kleinen Farbflächen und Büschen, trotzdem lassen sich die Fluchtpunkte leicht mit einem Lineal aufspüren.

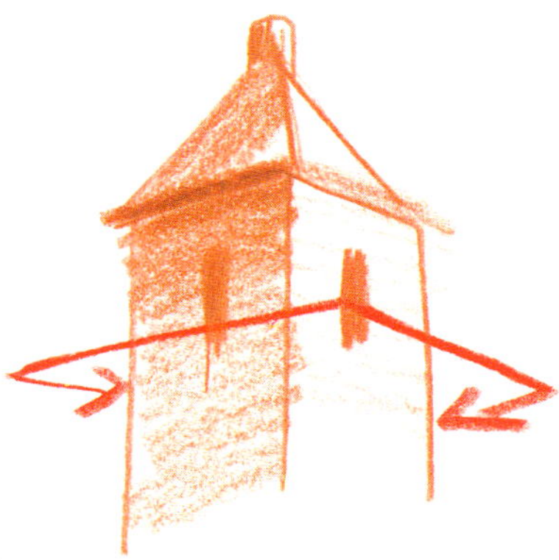

Harte und weiche Schatten formen die Gebäude. Die harten Schatten geben dem Weiß die Form, weiche Schatten liegen auf dem Turm. Auch ohne blauen Sommerhimmel wirkt das Bild durch seine Farbgebung und Schatten sonnig und warm.

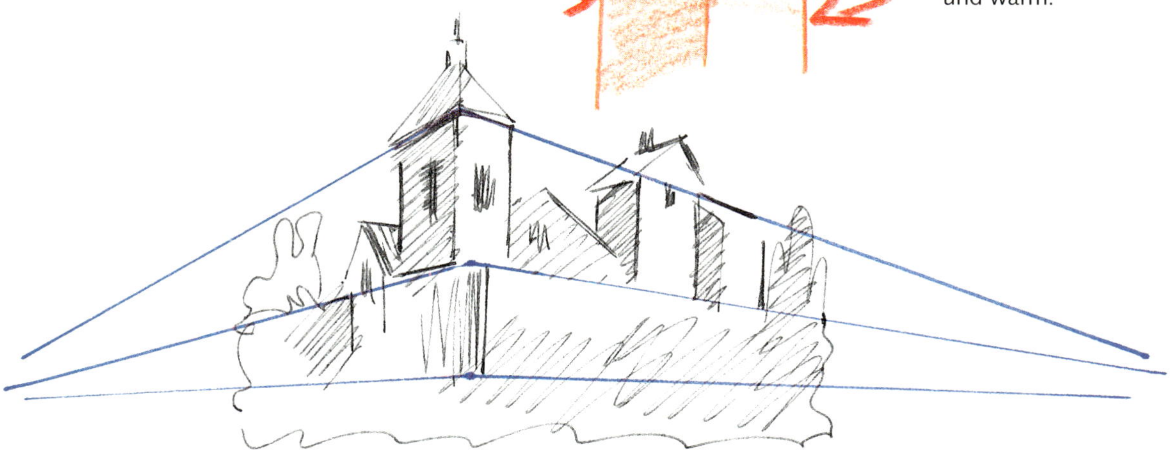

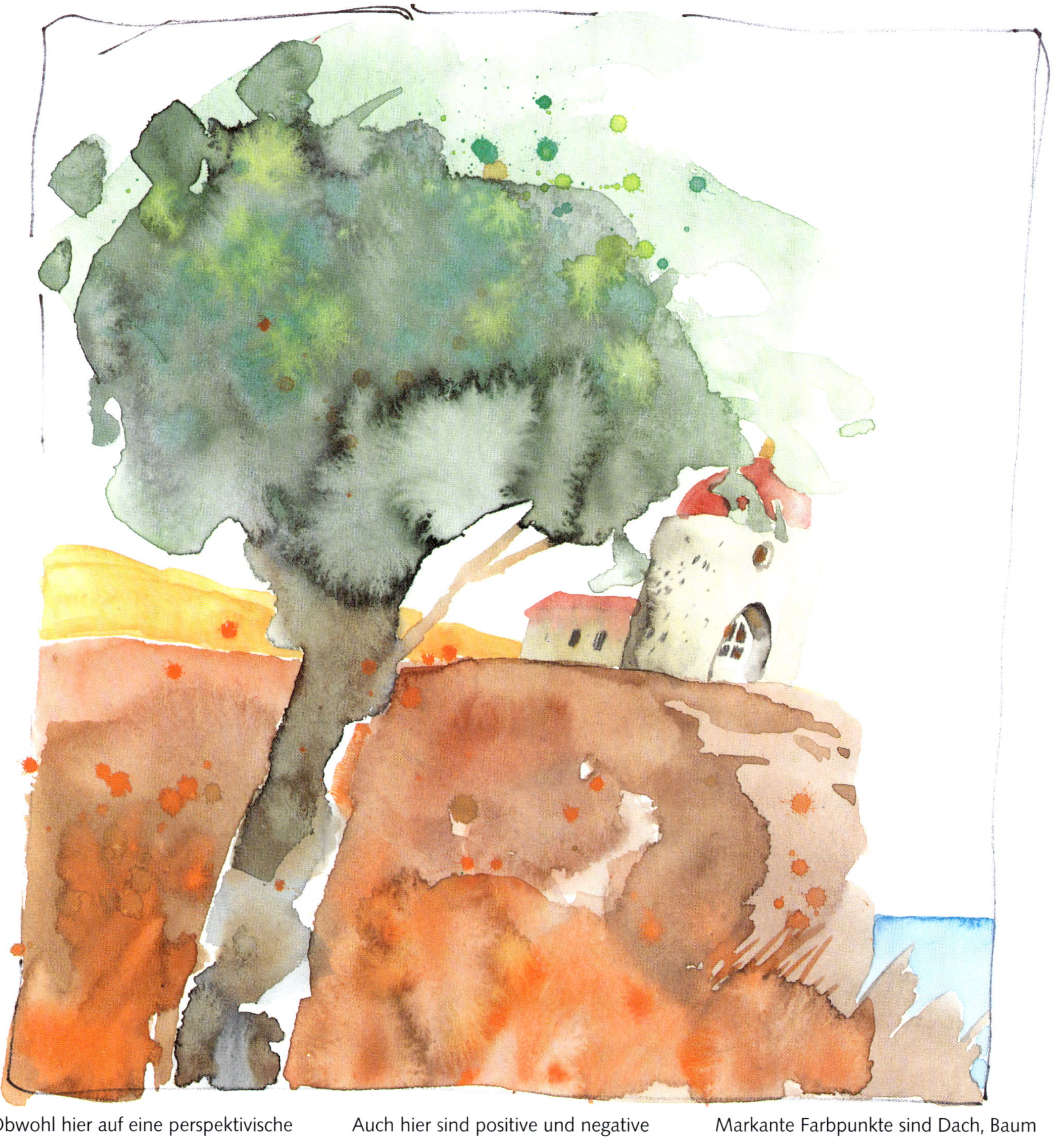

Obwohl hier auf eine perspektivische Konstruktion verzichtet wurde, bleibt dieses Bild nicht flach. Der große dunkle Baum wirkt näher als die kleine helle Kirche. Das Auge spaziert um den Baum herum nach hinten.

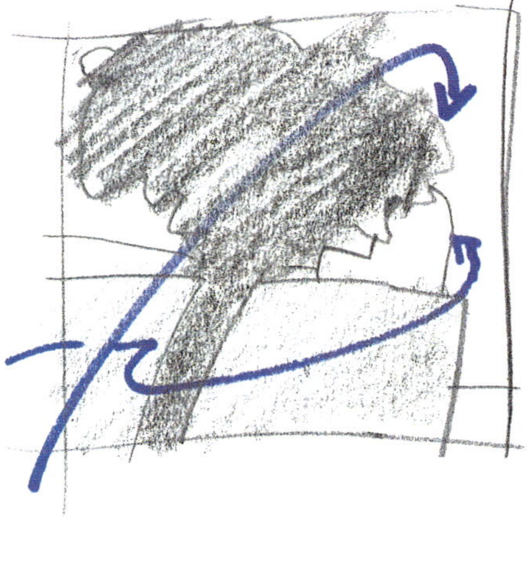

Auch hier sind positive und negative Flächen bewußt gegeneinander ausgespielt und bringen so Spannung in die Komposition.

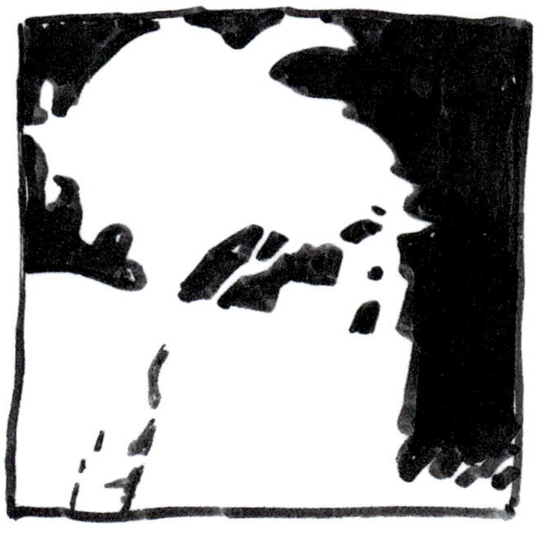

Markante Farbpunkte sind Dach, Baum und Wasser. Da sie nicht gleichmäßig verteilt sind, zwingen sie das Auge dazu, gezielt durch das Bild zu wandern, und erwecken so Aufmerksamkeit.

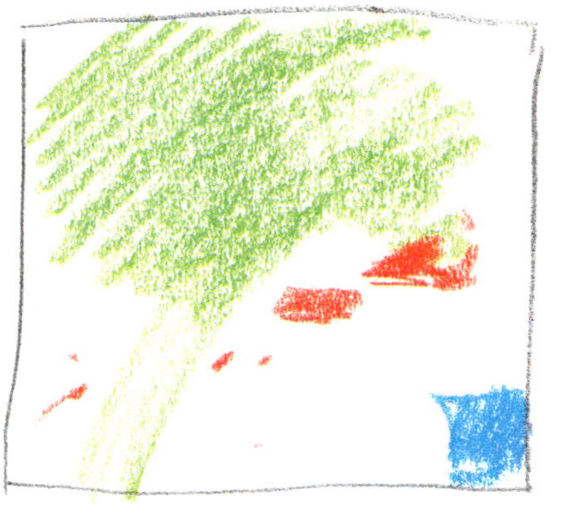

Skizzen

Das Umsetzen eines Motivs auf das Papier ist nicht einfach. Es gibt auch leider kein anderes Mittel, es zu lernen, als ständiges Üben. Eine große Hilfe ist da das Skizzieren. Ein Skizzenblock und ein Bleistift lassen sich leicht überallhin mitnehmen, auch Farbstifte oder Kreiden sind nicht schwer zu transportieren. In Ihrem Skizzenblock halten Sie alles fest, was Ihnen interessant erscheint – das kann ebensogut ein originelles Fenster sein wie eine verwinkelte Gasse. Sie bekommen auf diese Weise ein sehr persönliches Archiv, aus dem Sie jederzeit schöpfen können.
Skizzen können einmal nur eine Farbstimmung festhalten, ein anderes Mal eine ganze Fassade. Gerade im Urlaub kann daraus eine Art Tagebuch werden, an das Sie mehr Erinnerungen knüpfen als an Fotografien. Gewöhnen Sie sich ruhig an, immer einen kleinen Block bei sich zu haben; auch im Bus oder beim Spazierengehen entdeckt man interessante Motive. Geeignet sind alle Arten von Blöcken. (Linierte und karierte allerdings weniger, obwohl man diese Linien als Teil der Skizze betrachten könnte.)

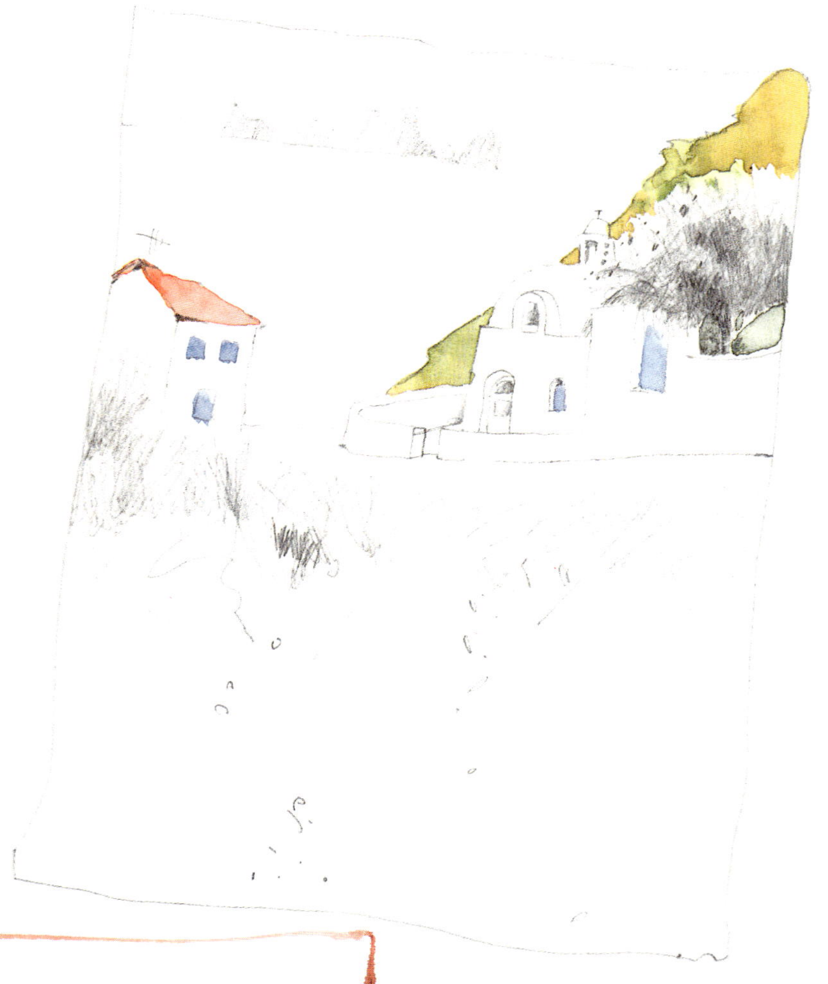

In vielen Papierläden gibt es auch gebundene, unbedruckte Bücher, die den Vorteil haben, daß die Skizzen durch die harten Einbände gut geschützt sind.

Oben: Eine Bleistifskizze aus Griechenland, in der ich später mit Aquarellfarben kleine Flächen angelegt habe.

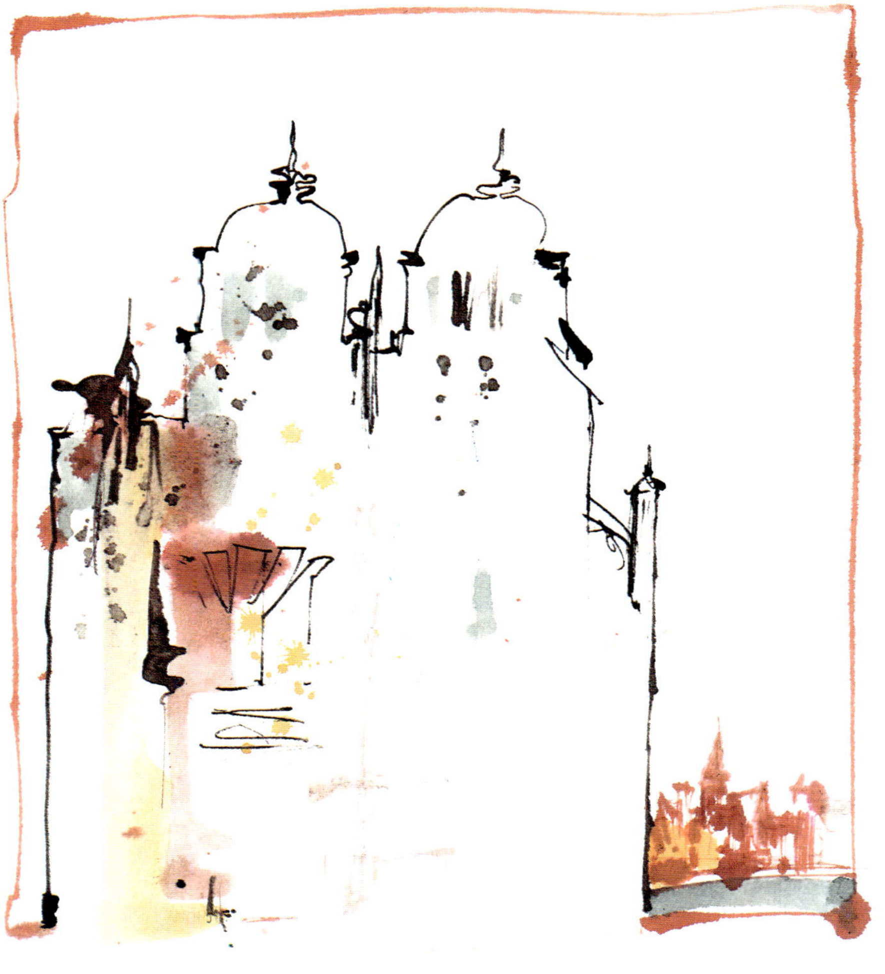

Links: Die übermächtige Kirche im Kontrast zu den kleinen Häusern hat mich fasziniert – bauliche Details waren mir unwichtig (Feder und Farbtuschen).

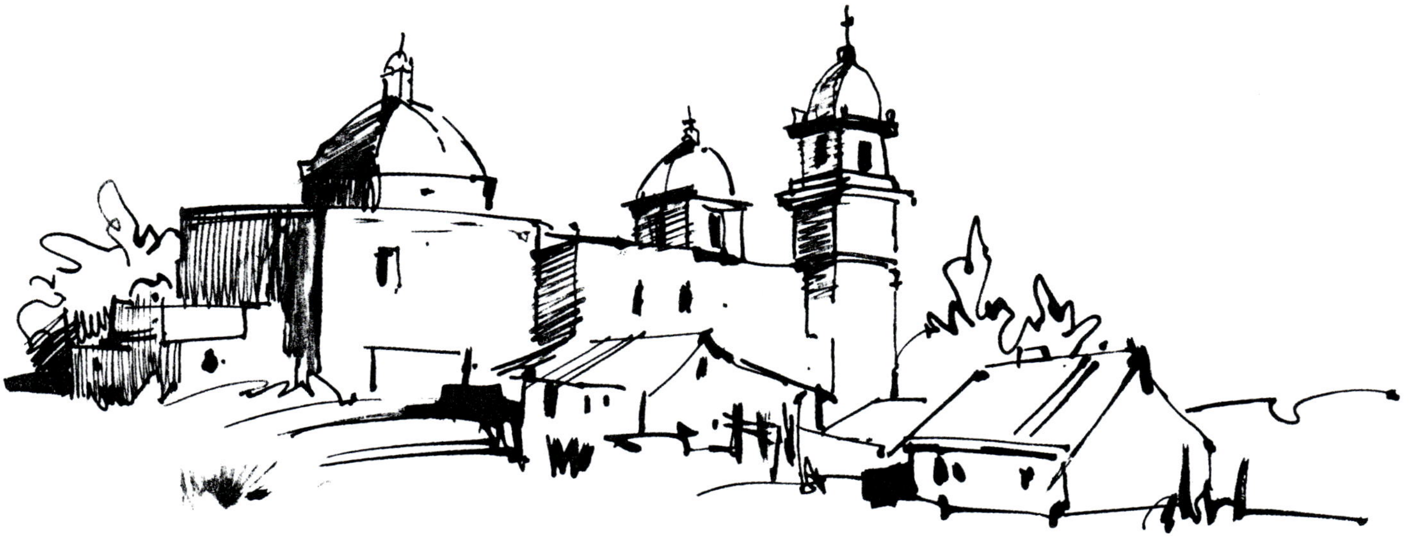

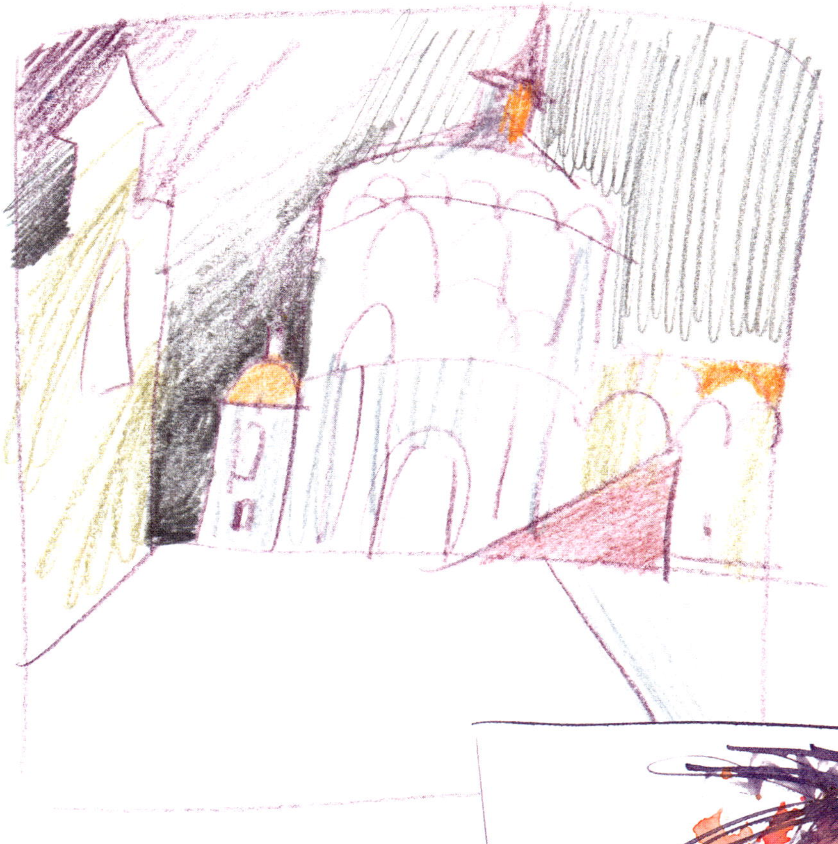

Zum Zeichnen eignen sich außer den Blei- und Farbstiften auch Filzstifte. Man muß dabei nur auf das Papier achten, das man verwendet, denn auf zu holzhaltigem Papier zerfließen die Linien leicht. Ich persönlich bevorzuge Feder und Tusche. Statt Tuscheglas und empfindliche Federn verwende ich eine Art Zeichenfüller – ein Füllhalter mit einer Zeichenfeder, in dem eine Patrone steckt, die mit wasserlöslicher Tusche gefüllt ist (z. B. Rotring „Art Pen"). Damit erhält man die typischen unregelmäßigen Linien einer Federzeichnung und hat doch ein Arbeitsgerät, das nicht umständlicher zu handhaben ist als ein Bleistift.

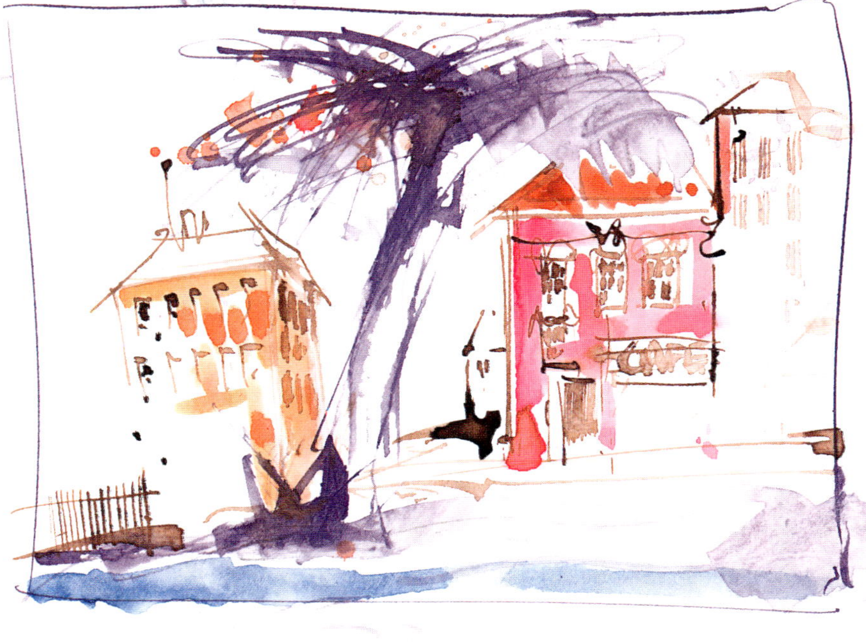

Ganz oben: Eine Skizze mit dem „Art Pen".

Oben: Hier gefielen mir die verschiedenartigen Flächen, die durch die Bögen unterbrochen wurden (Farbstifte).

Rechts: Verschiedene Häuserfassaden mit farbigen Tuschen.

In den Hügeln

mit Brian Bagnall

Einödhöfe oder einzelne Häuser und Gebäude in der Landschaft wirken auf mich immer etwas melancholisch, faszinieren mich aber gleichzeitig. Ich habe viele solcher Skizzen zu Hause, die mir bei der Motivsuche als Anregung dienen. Dabei spielt es für mich keine Rolle, ob mein Bild der Wirklichkeit entspricht oder nicht. Es sind meine Gefühle und Vorstellungen, die in dem Bild liegen, ich drücke meine Empfindungen aus und will die Wirklichkeit gar nicht abbilden, die sich viel einfacher in einem Foto festhalten läßt. Übrigens, wenn ich nach einem Foto male, bevorzuge ich die wenig perfekten Bilder als Vorlage; denn ein perfektes Foto ist schon eine fertige Komposition in sich, die ich höchstens kopieren kann. Die Vorlage aber muß mir Raum für meine Phantasie lassen, sie soll mehr Anregung sein als ein abzumalendes Objekt. Am liebsten nehme ich sogar unscharfe oder fehlfarbene Bilder, damit mir die Freiheit bleibt, alles selbst zu gestalten.

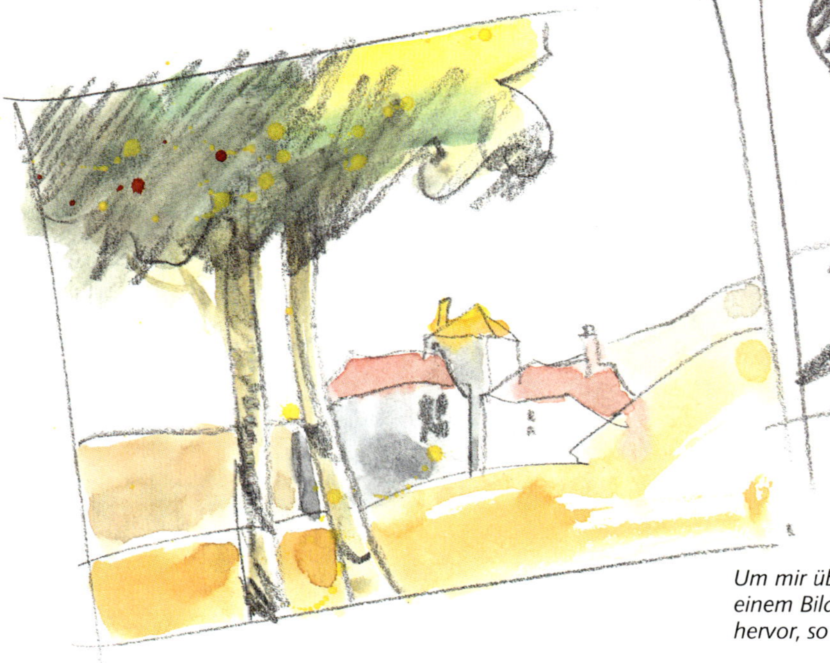

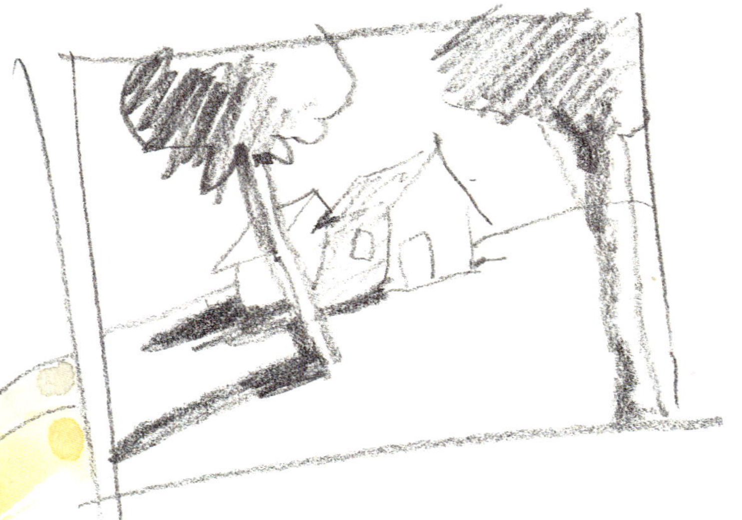

Um mir über die Rolle klarzuwerden, die die negativen Flächen in einem Bild spielen, hebe ich sie manchmal in einer Skizze stark hervor, so wie unten die blauen Flächen zwischen den Bäumen.

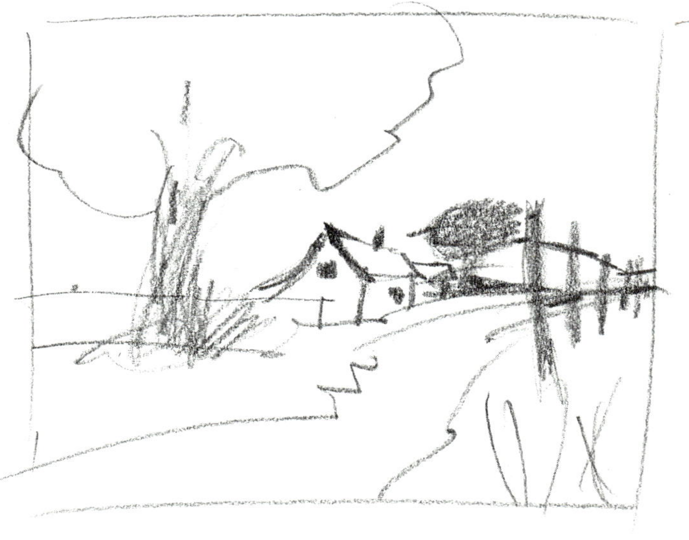

Das Motiv ist immer ähnlich: Einzelne Häuser in den Hügeln. Aus den verschiedenen Skizzen soll später eine neue Komposition entstehen.

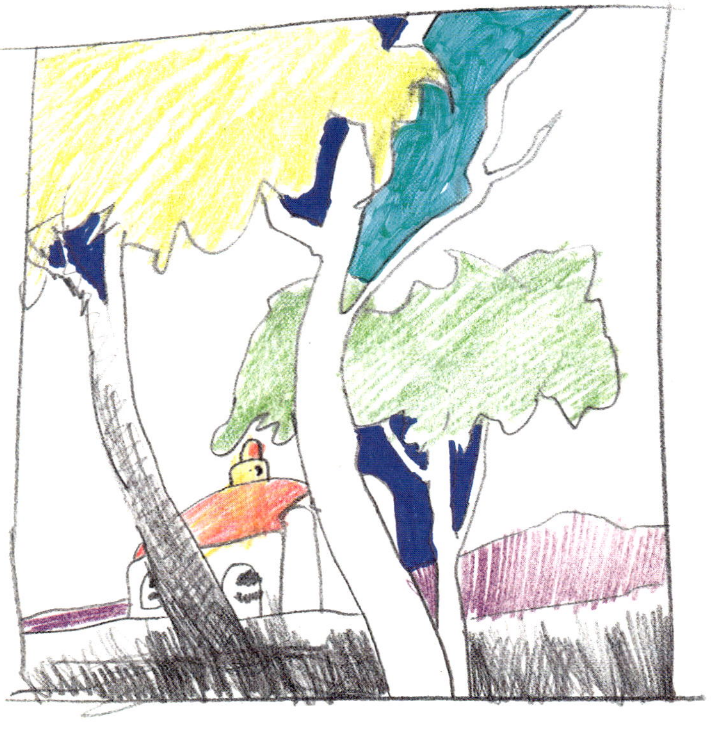

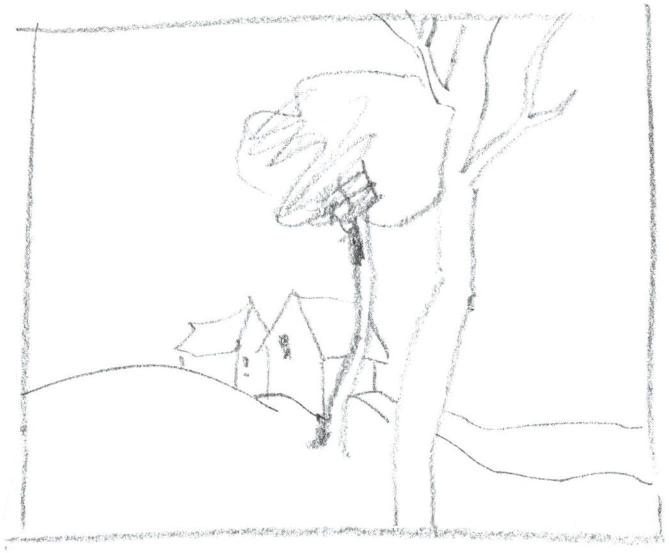

Ich plane meine Kompositionen immer sehr genau und überlasse beim Aufbau nichts dem Zufall. Das Skizzieren ist meine wichtigste Vorarbeit. Es dauert eine ganze Weile, bis ich mit den Größenverhältnissen zufrieden bin und weiß, welche Flächen wichtig oder unwichtig sind. Die negativen Flächen werden genauso geplant wie die positiven. Oft drehe ich eine Skizze nach allen Richtungen, schaue sie mir auch von oben und von der Seite an. So bekomme ich einen Abstand von dem Motiv selbst und kann die Komposition als solche besser beurteilen. Besonders verloren erscheinen mir die Häuser, wenn die Bäume im Vordergrund dominieren – allmählich komme ich dem, was ich ausdrücken will, näher.

Sehr leicht entstehen in einer Komposition „wunde Punkte". Das sind Stellen, an denen Linien oder Flächen einfach ohne Spannung aneinanderstoßen, wie hier mit Rot gekennzeichnet.
Versuchen Sie, solche Stellen zu vermeiden. (Immer ist das natürlich nicht möglich.) Sie sehen aber rechts im Vergleich, daß durch leichtes Verschieben der Flächen Überschneidungen entstehen, die zu mehr Tiefe führen. Plötzlich ist eines der Häuser weiter nach vorne, das andere nach hinten gerückt, auch die Formen werden klarer.

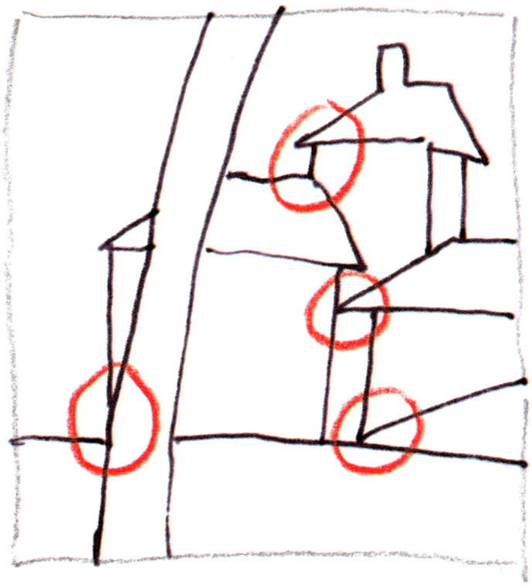

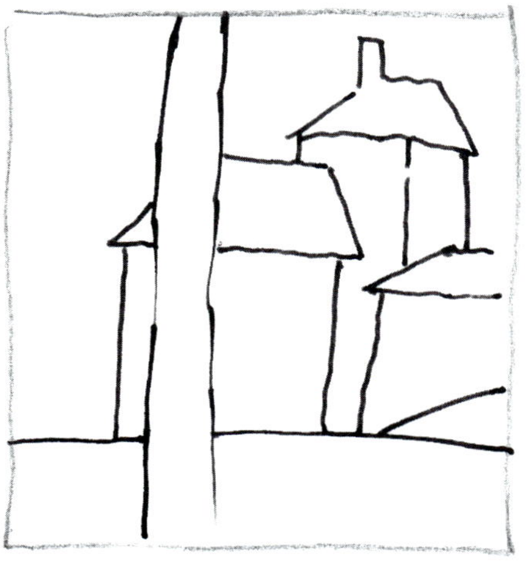

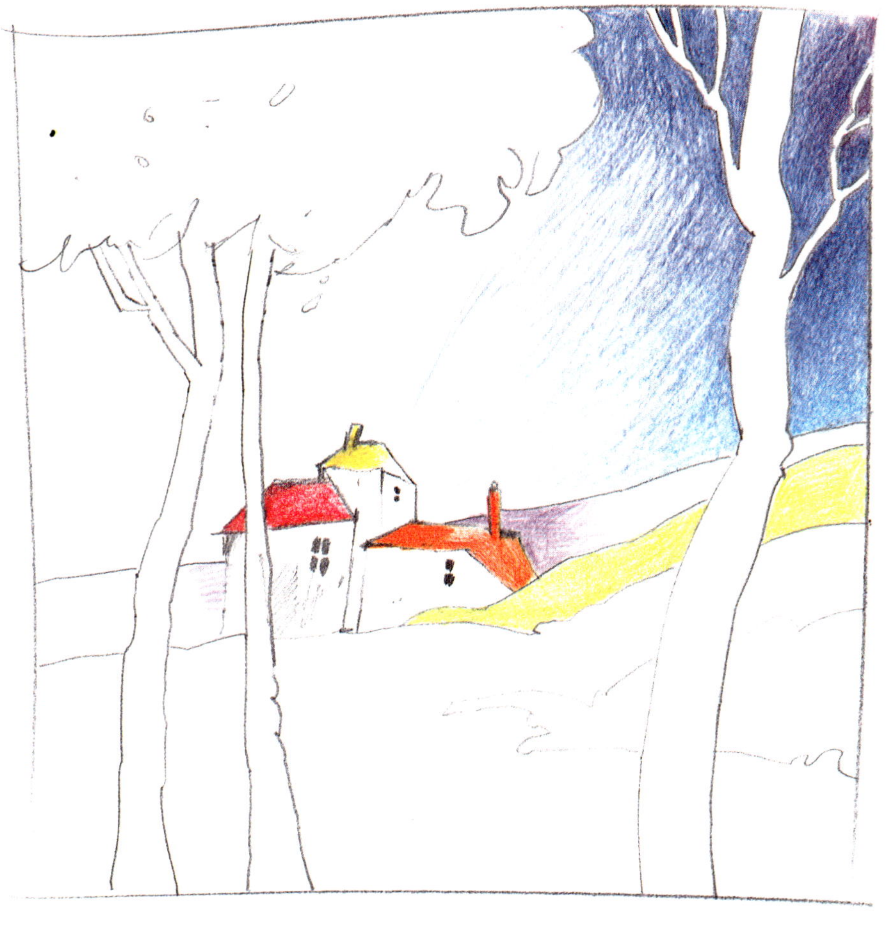

Nun komme ich zu meiner endgültigen Komposition. Die Bäume sind noch näher gerückt, trotzdem bleiben die Gebäude der Mittelpunkt des Bildes. Manche Künstler geben ihren Bildern gleich zu Beginn der Arbeit Titel, die für das Bild themenbestimmend bleiben. Es kann sich dann vielleicht noch die Komposition ändern, nicht aber der Inhalt. Für mich hatten alle Skizzen eines gemeinsam: die dunklen Fenster, die für mich Einsamkeit und Verlassenheit ausstrahlen. Mein Titel wäre deshalb „Einsame Fenster". Die Entfernung von den Bäumen, der Raum um die Gebäude herum vertieft den Eindruck von Melancholie – übrigens ein beliebtes Thema der klassischen westlichen Malerei.

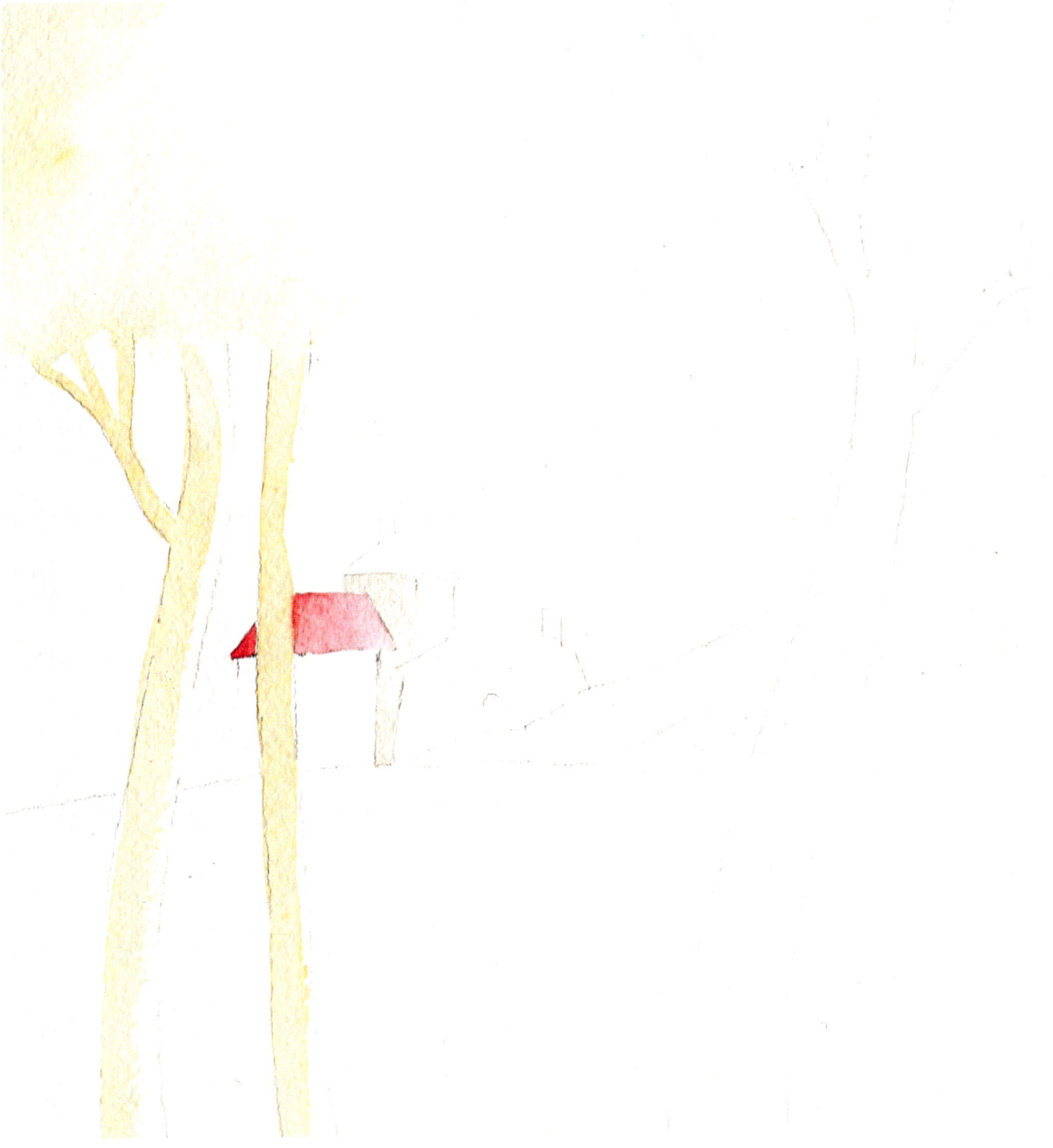

Als erstes übertrage ich meine Skizze sorgfältig auf das Aquarellpapier. Dazu gibt es zwei Möglichkeiten: Man kann die Skizze ans Fenster heften, das Aquarellpapier darüberlegen und dann die Formen mit weichem Bleistift durchzeichnen. Das Papier wird anschließend nur auf der Rückseite naß gemacht und, sobald das Wasser etwas aufgesogen wurde (das Papier glänzt nicht mehr so stark), aufgezogen.
Wenn man mit einem Aquarellblock arbeitet, ist diese Methode natürlich nicht möglich, weil das Papier am Rand verleimt ist. In diesem Fall muß man die Skizze auf ein Transparentpapier übertragen. Dann dreht man das Transparentpapier um und schraffiert auf der Rückseite die Linien der Zeichnung mit weichem Bleistift. Jetzt wird das Transparentpapier auf den Aquarellblock gelegt, und mit einem etwas härteren Bleistift werden die Konturen nachgezogen. Die Linien der Skizze werden so auf das Aquarellpapier übertragen.
Vermeiden Sie das Radieren auf dem Aquarellpapier, lassen Sie lieber einmal eine überflüssige Bleistiftlinie stehen. Beim Radieren rauht man nämlich unter Umständen die Oberfläche des Papiers auf, und beim Darübermalen entstehen unschöne Flecken.
Mein erster Farbauftrag ist zart, ich setze nur leichte Akzente.

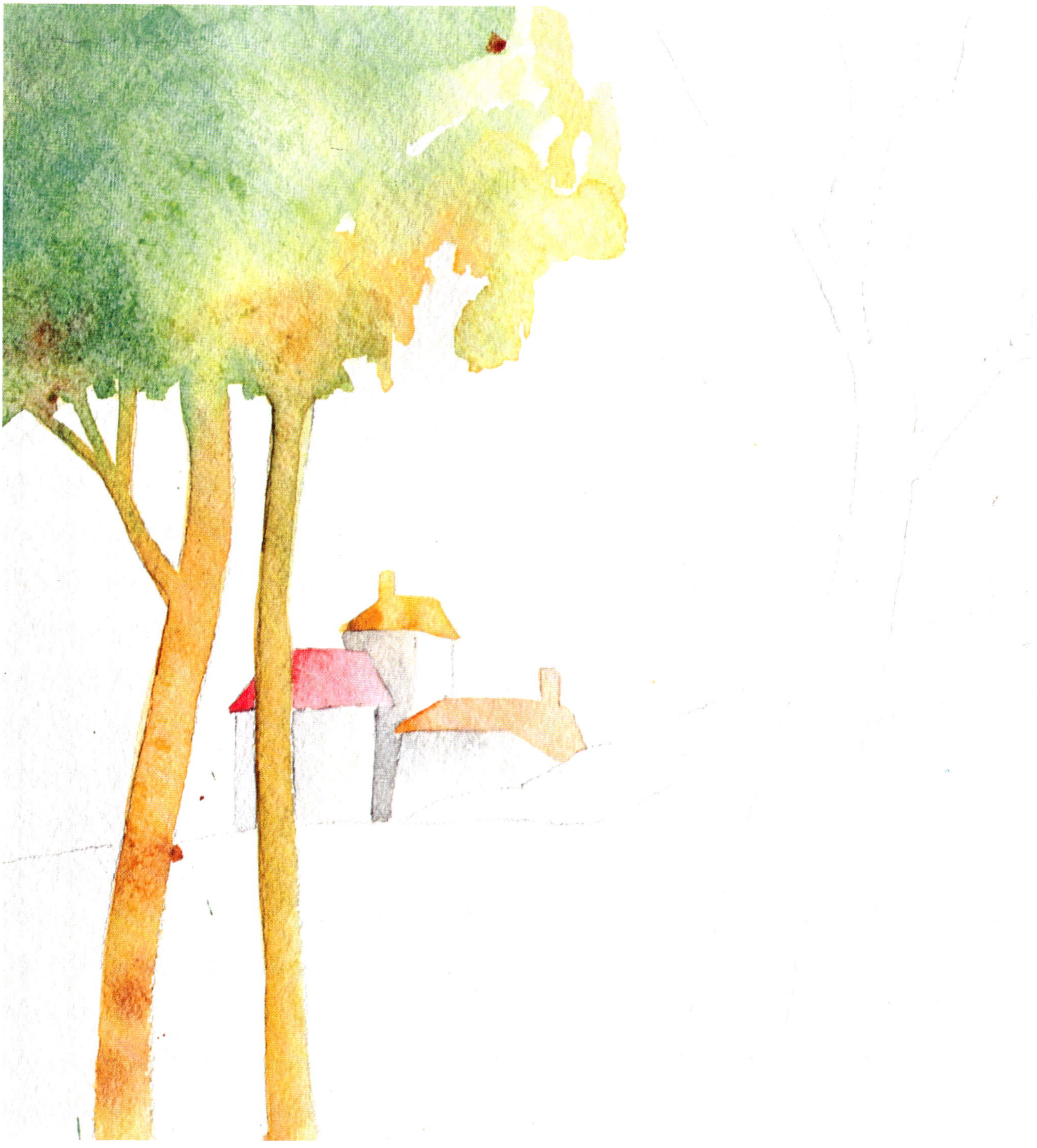

Verwendete Farben:
Krapplack dunkel, Kadmiumrot hell, Kadmiumorange dunkel, Kadmiumgelb hell, Neapelgelb, Lichter Ocker, Umbra gebrannt, Hookersgrün, Violett feurig, Ultramarinblau, Paynesgrau und Pink, eine gut mischbare Farbtusche.

Nun verstärke ich die Baumkrone. Links verdunkle ich sie, um schon eine gewisse Plastizität zu erreichen. Einige Farbspritzer bringen mehr Lebendigkeit in die grüne Fläche und erwecken außerdem den Eindruck von Laub. Auch mit meinem Hauptmotiv, der Häusergruppe, beschäftige ich mich. Gerade weil es von der Größe her nicht dominant ist, muß es durch die Farbgebung wichtig werden. Trotz der grauen Schatten bleibt der Eindruck erhalten, daß es sich hier um weiße Häuser handelt. Die Dächer werden zum farblichen Blickfang.

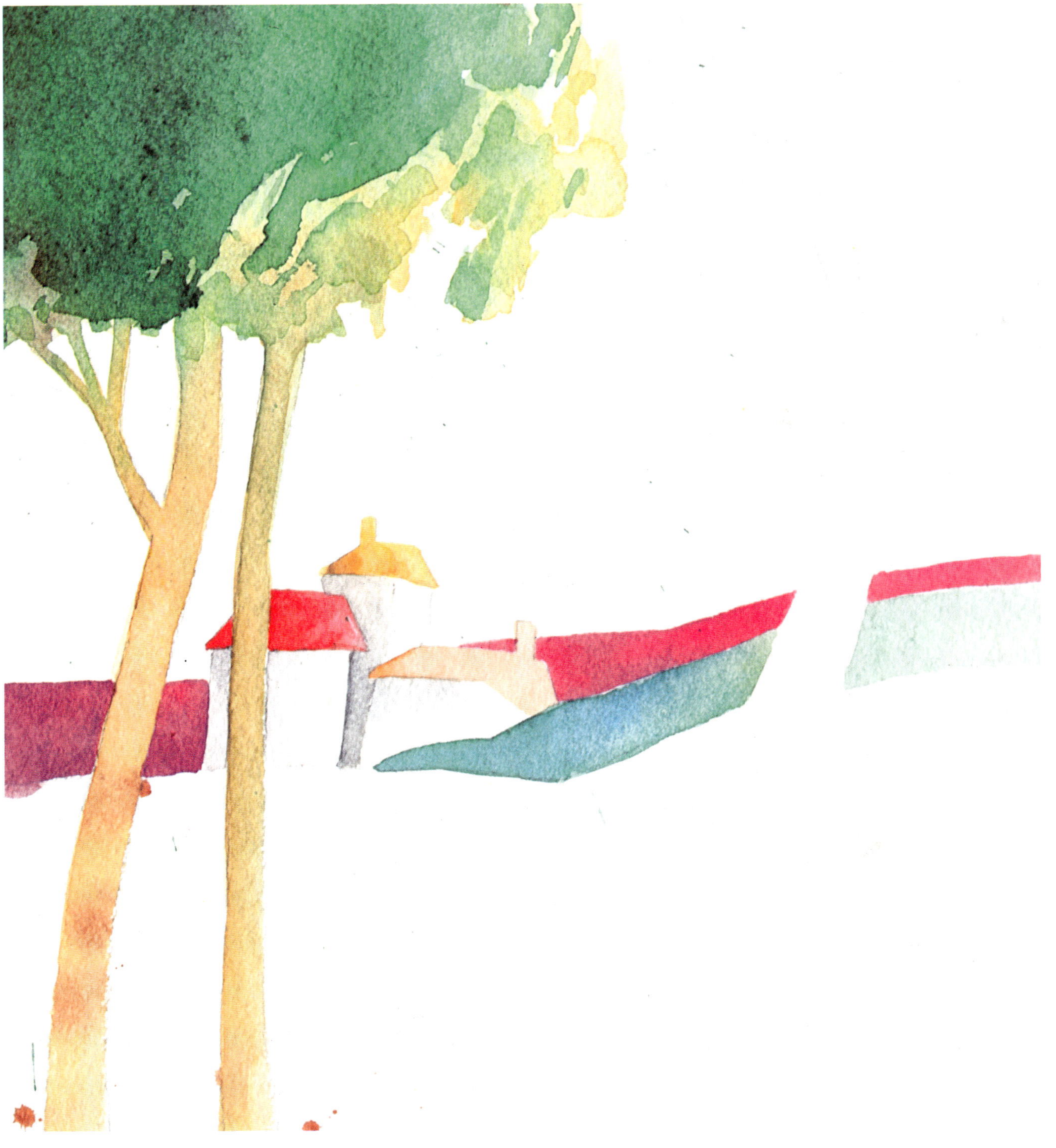

Ich habe mich entschlossen, ein sehr strenges, grafisches Bild mit klaren Flächen zu entwickeln. Wichtig ist mir die Bewegung dieser Flächen, das Zusammenspiel von negativen und positiven Formen. Ich beschließe, die Ruhe der Farben zu durchbrechen: Ein knalliges Pink betont die waagerechte Gegenlinie zu der Senkrechten der Bäume. Dieses Pink gibt es nicht als Aquarellfarbe, sondern es ist eine Tusche. Diese Farbtuschen lassen sich untereinander ebensogut mischen wie mit Aquarellfarben. Da es bei den Tuschen einige

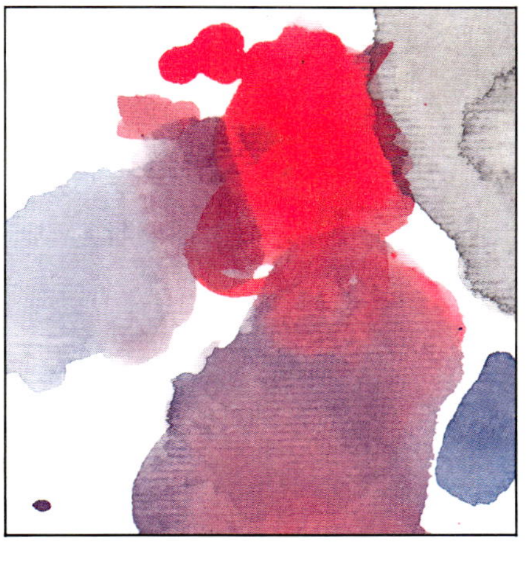

ausgefallene Farben gibt, ergeben sich durch Mischungen interessante Farbvariationen. Natürlich probiere ich die Mischungen zuerst auf einem Stück Papier aus. Das reine Pink ist mir zu laut, ich dämpfe es mit Violett. Auch eine Mischung mit Ultramarin und Paynesgrau habe ich versucht, bin aber dann bei dem Violett geblieben. (Auf dem Muster sehen Sie das reine Pink oben in der Mitte.)

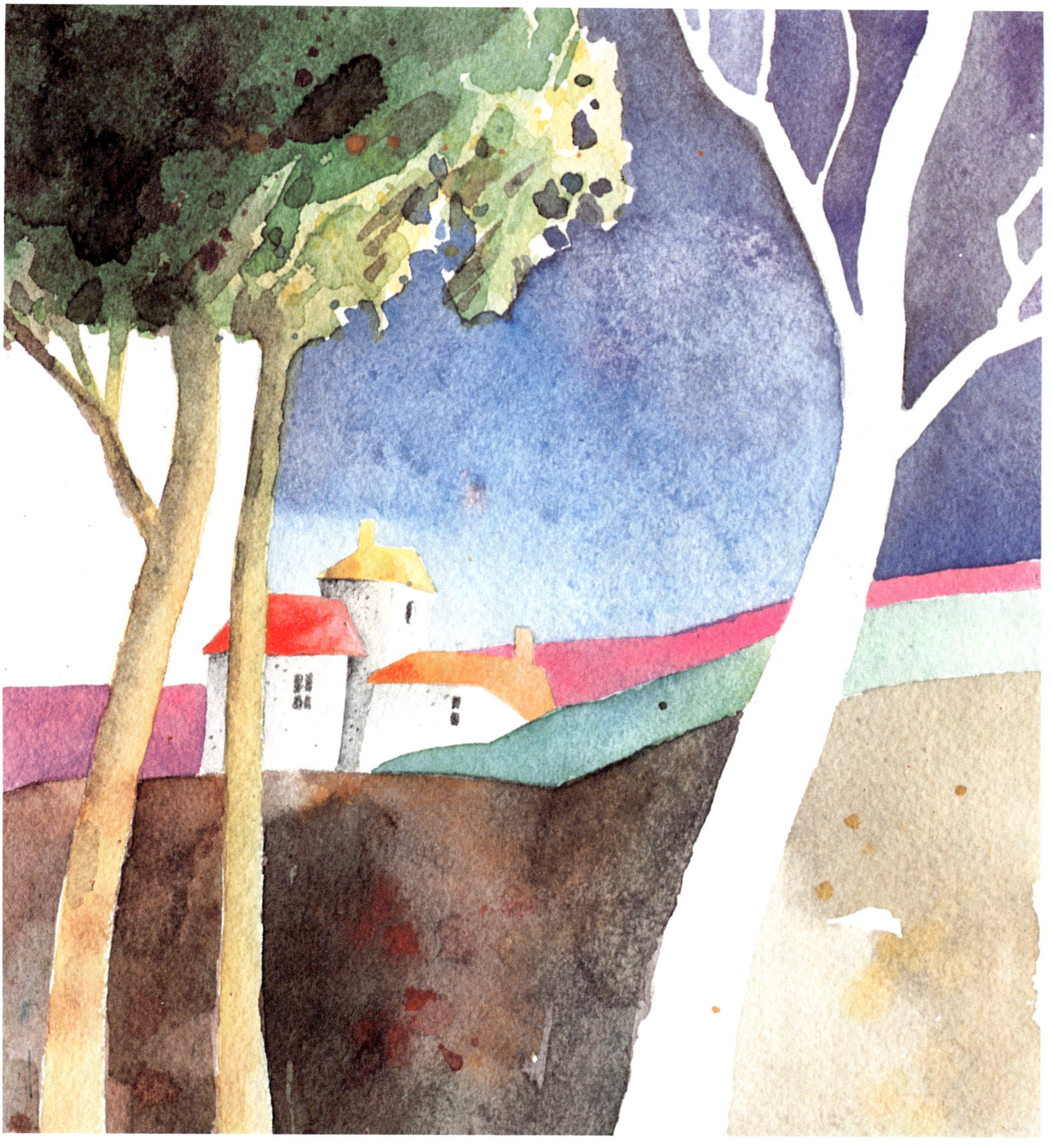

Nach den dominierenden Flächen kommen nun die unterstreichenden. Der braune Vordergrund wird mit Krapplack belebt, das Violett wiederholt sich in dem blauen Verlauf des Himmels. Rot und Braun tauchen auch in den Bäumen auf, das Gelb des Daches erscheint erneut im Vordergrund rechts. Jetzt beschäftige ich mich mit den Details der Gebäude. Die Fenster – eigentlich mein Hauptanliegen – zeichne ich mit Bleistift ein, um sie möglichst präzise ausarbeiten zu können. Mit ein paar Bleistiftpunkten bekommt auch die Mauer mehr Charakter.

Lange überlege ich, was mit dem Baum im Vordergrund geschehen soll. Er fängt die weiße Fläche im Hintergrund auf, die ich absichtlich stehenlasse, um die Senkrechte der Bäume zu betonen. Mir gefällt das Geisterhafte des weißen Baumes, die negativen Flächen zwischen den Ästen verleihen dem Himmel mehr Leben. Ich lasse den Baum also einfach, wie er ist.
Es zeigt sich: Das rechtzeitige Aufhören ist ein wichtiges Moment in der Malerei.

Abstrahieren

mit Karlheinz Groß

Eigentlich ist schon jede Art der Umsetzung von Natur auf Papier eine Form der Abstraktion, denn auch bei naturgetreuer Darstellung muß immer auf irgendwelche kleinen Details verzichtet werden – nur fällt dies kaum auf. Erst bei offensichtlichen Verfremdungen sprechen wir normalerweise von Abstraktion.
Voraussetzung für das Abstrahieren eines Motivs ist jedoch die Beherrschung von naturalistischem Zeichnen und Malen. Erst wenn man weiß, wie zum Beispiel ein Baum wirklich aussieht, kann man ihn vereinfacht darstellen, kann Teile weglassen oder hinzufügen, ohne das Typische dabei zu verlieren. Es sollte sich also erst der, der das Erfassen des Motivs und das Umsetzen auf das Papier erlernt hat, an abstrakte Darstellungen heranwagen.
Ich beginne immer mit mehreren Skizzen, wobei das Material eine untergeordnete Rolle spielt. Meine erste Studie ist noch ziemlich originalgetreu, die zweite schon etwas vereinfacht. Diese Arbeiten fertige ich „vor Ort" an. Dazu mache ich immer noch einige Polaroidaufnahmen zur Gedächtnisstütze für das spätere Arbeiten im Atelier. Dort werde ich dann vom realen Motiv nicht mehr abgelenkt oder beeinflußt, ich kann mich ganz auf das konzentrieren, was ich persönlich zeigen möchte.

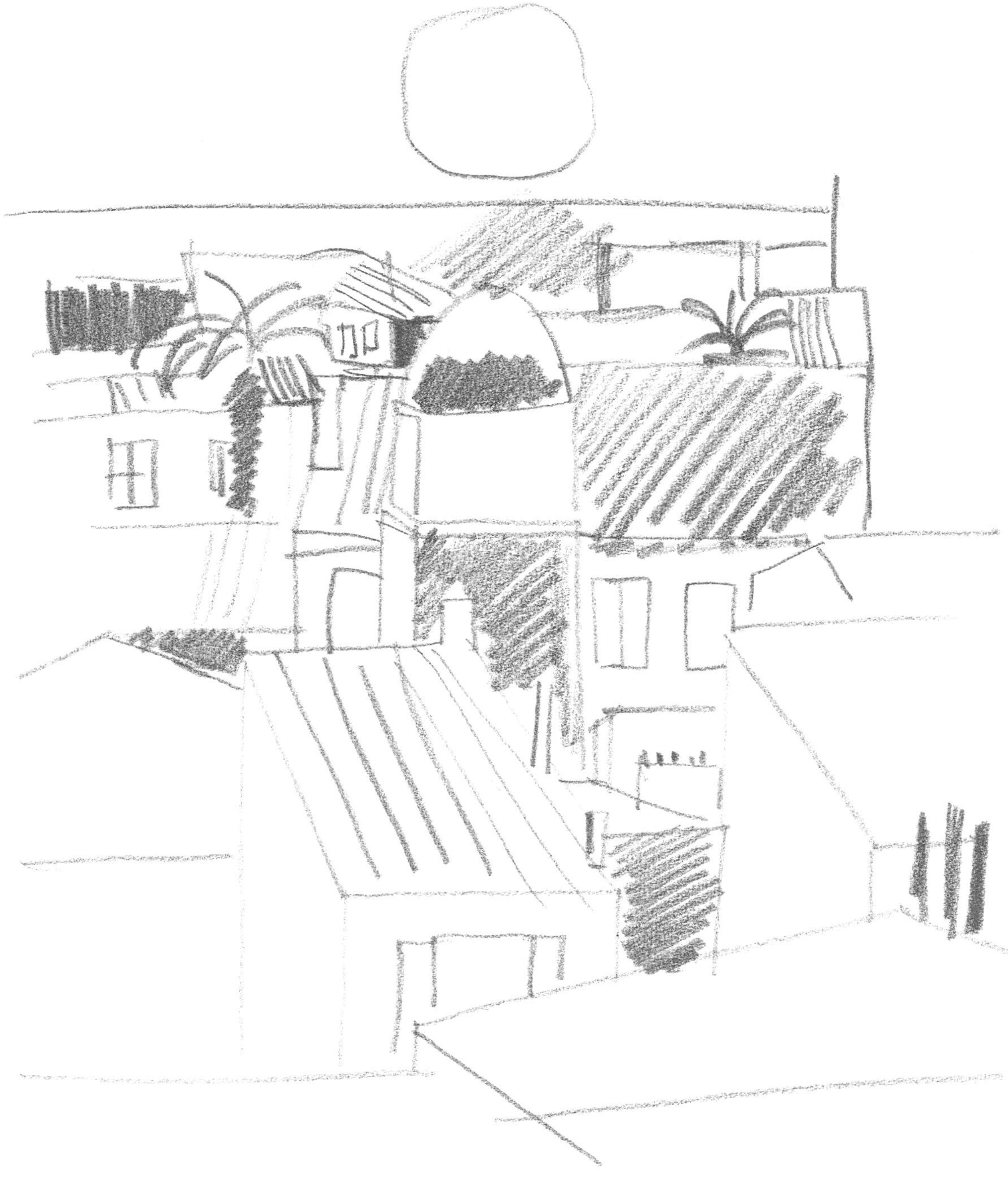

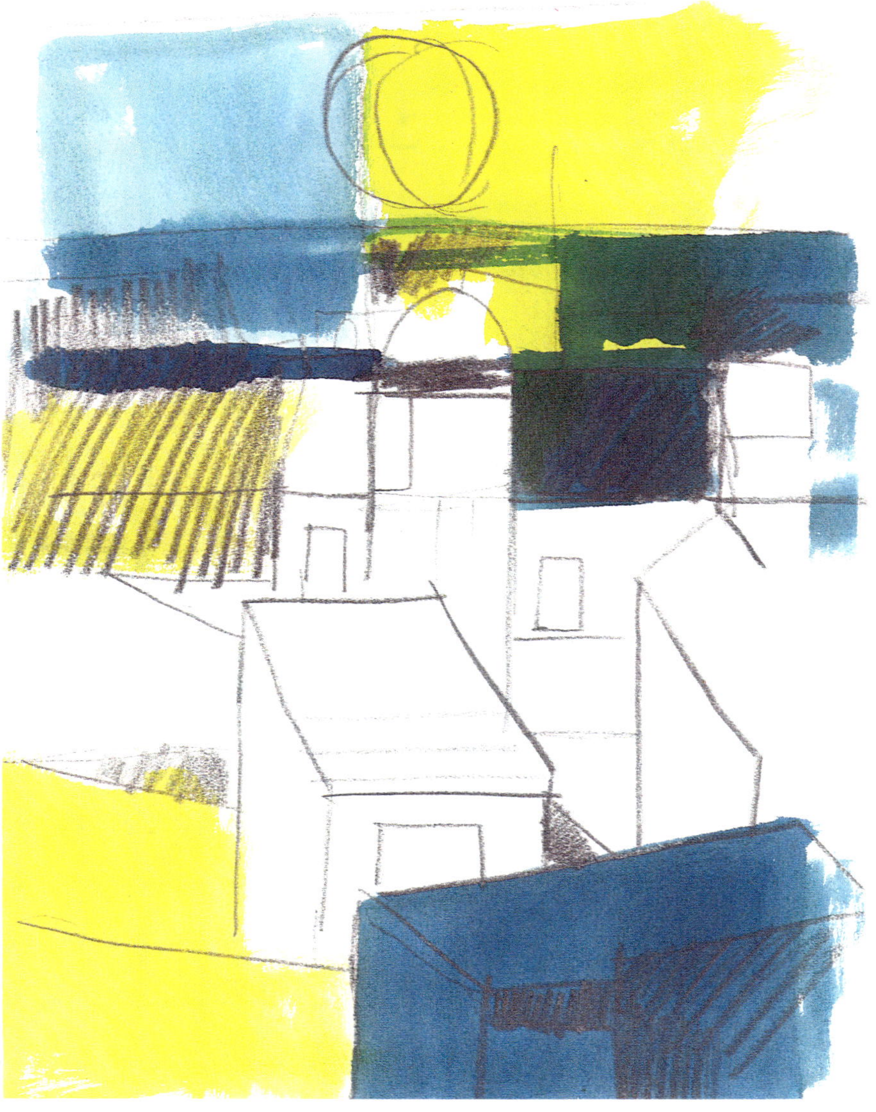

Beim erneuten Skizzieren wird auf weitere Details verzichtet, die großen Formen kristallisieren sich heraus. Ich trage einige Grundfarben auf, probiere Kombinationen, spiele mit den Flächen und ihrem Verhältnis zueinander. Lockere Farbübungen, bei denen das Motiv nur Anhaltspunkt ist, lassen mich Stimmungen entdecken und helfen mir bei der endgültigen Entscheidung, welche Atmosphäre mein Bild bekommen soll.

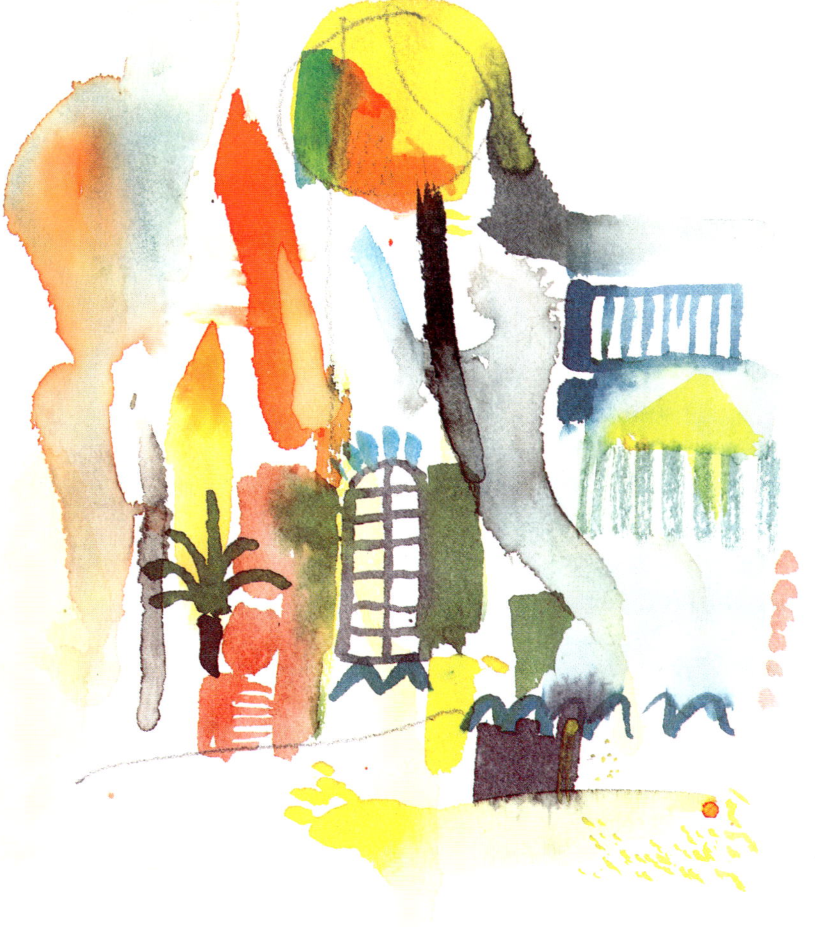

Links: Mit weichem Bleistift (6 B) probiere ich erste Abstraktionen aus.

Oben: Einige Farben lege ich schon fest, und auch die Proportionen der Flächen untereinander nehmen Form an.

Rechts: Lockere Farbspielereien machen die Farbauswahl am „richtigen“ Bild leichter.

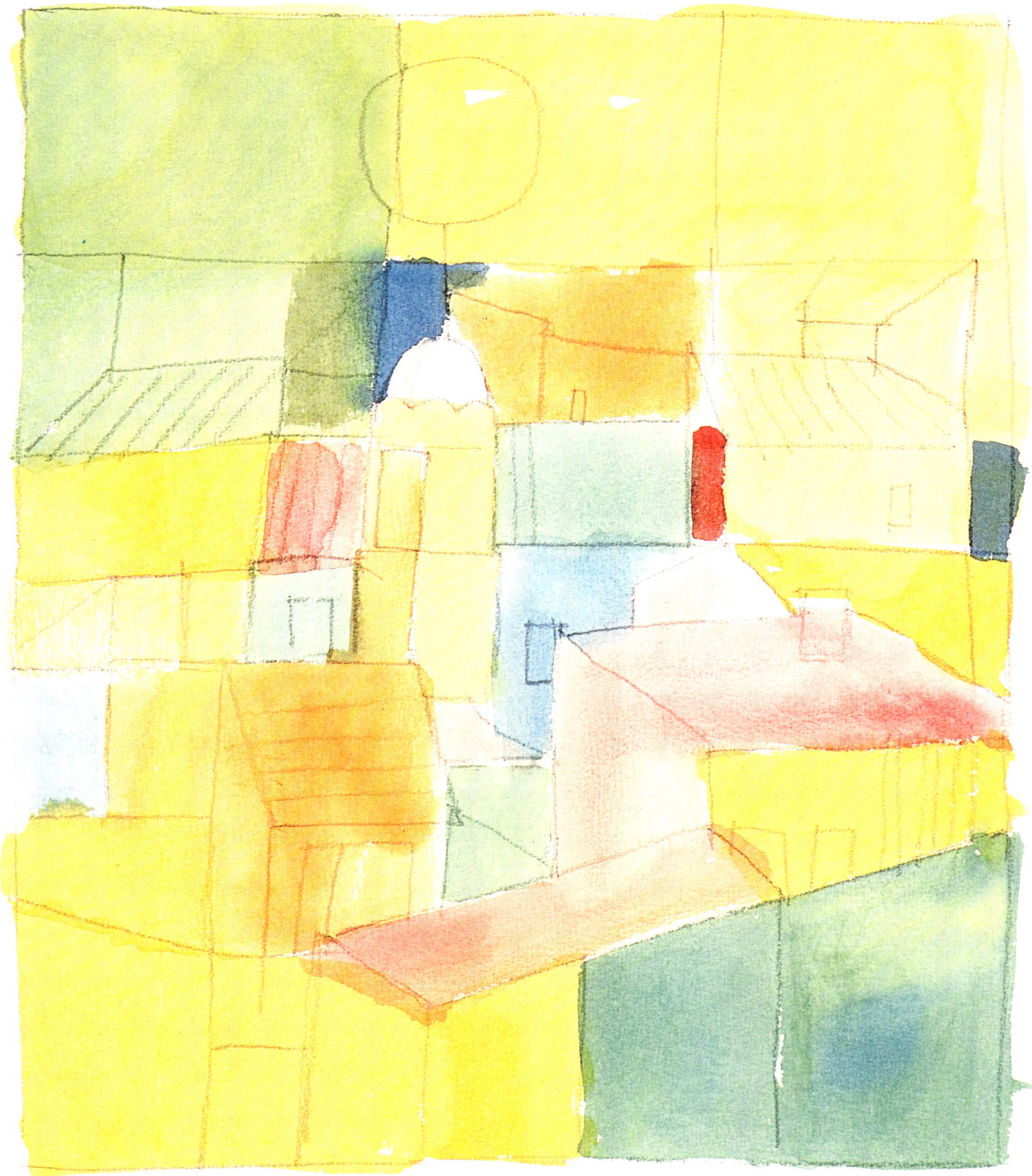

Wenn das Konzept steht, übertrage ich es mit weichem Bleistift (6 B) auf das Aquarellpapier und umgrenze das Bildmotiv mit einem Bleistiftrahmen. Das ist in diesem Fall wichtig, denn es macht die positiven und negativen Flächen deutlicher.
Ich arbeite gerne mit Diaphoto-Lasurfarben. Diese Tinten ähneln Farbtuschen und erlauben mir sehr spontanes Arbeiten. Außerdem lassen sie sich leicht und gut mischen und haben dabei die gleiche Leuchtkraft wie Aquarellfarben. Mit einem großen, weichen Haarpinsel trage ich Gelb, Lichtes Ocker, Fleischfarbe, Zinnober und Preußischblau verdünnt auf.

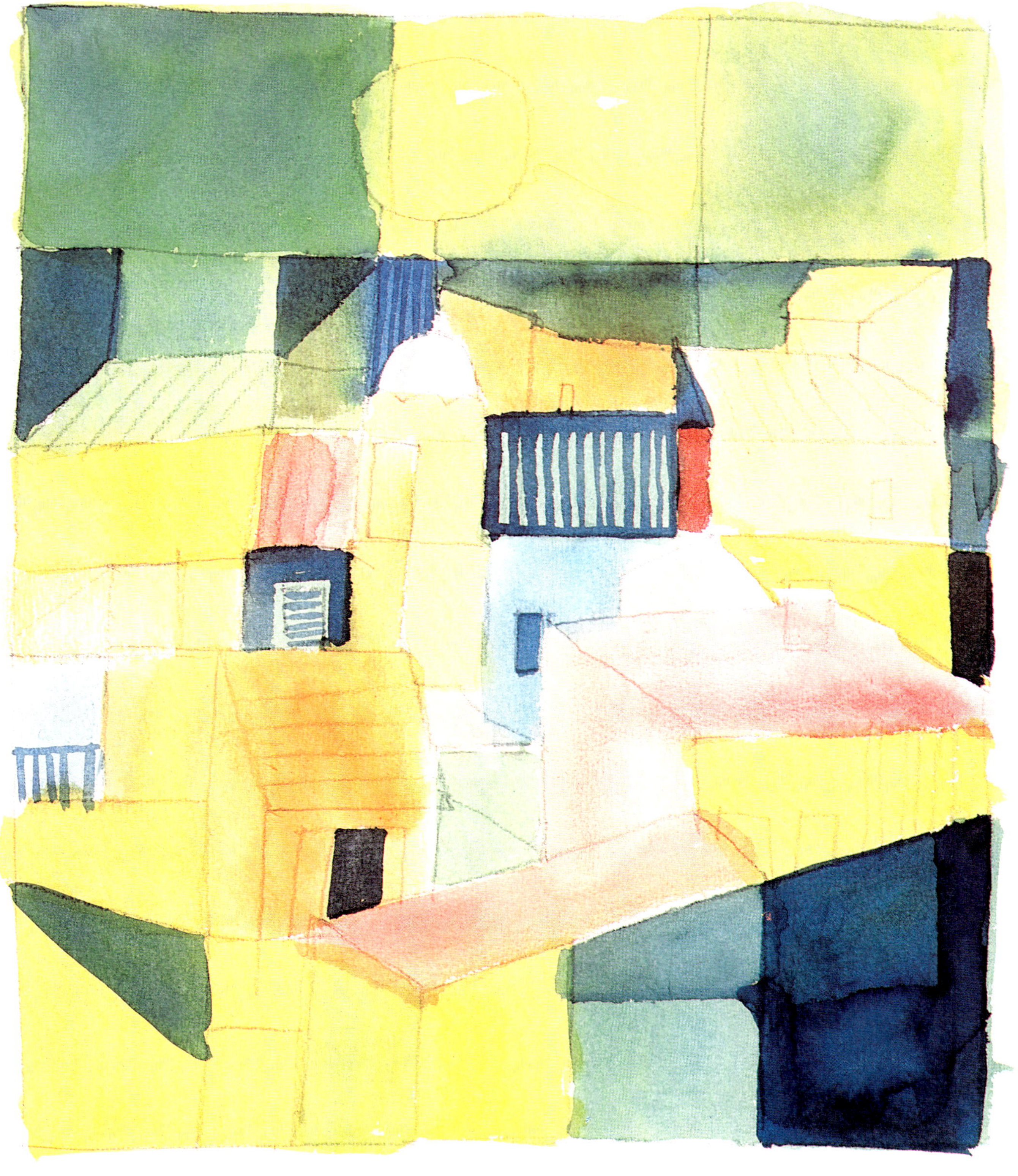

Durch Übermalen mit Blau entstehen die ersten Mischtöne. Dank meiner Farbspielereien vor Arbeitsbeginn weiß ich, daß ich bei meinem mediterranen Motiv eine nächtliche Stimmung erzielen möchte. Dafür kann ich nun die Farben ziemlich konzentriert verwenden und muß keine Angst haben, daß der Gesamteindruck zu dunkel wird. Behalten Sie immer das ganze Bild im Auge. Gerade bei der Abstraktion kommt es darauf an, daß die Farbflächen bewußt zueinander in Beziehung gesetzt werden. Wenn ich also blaue Flächen anlege, verteile ich das Blau gleich im gesamten Bild und nicht nur an einer Ecke, die mir gerade gefällt.

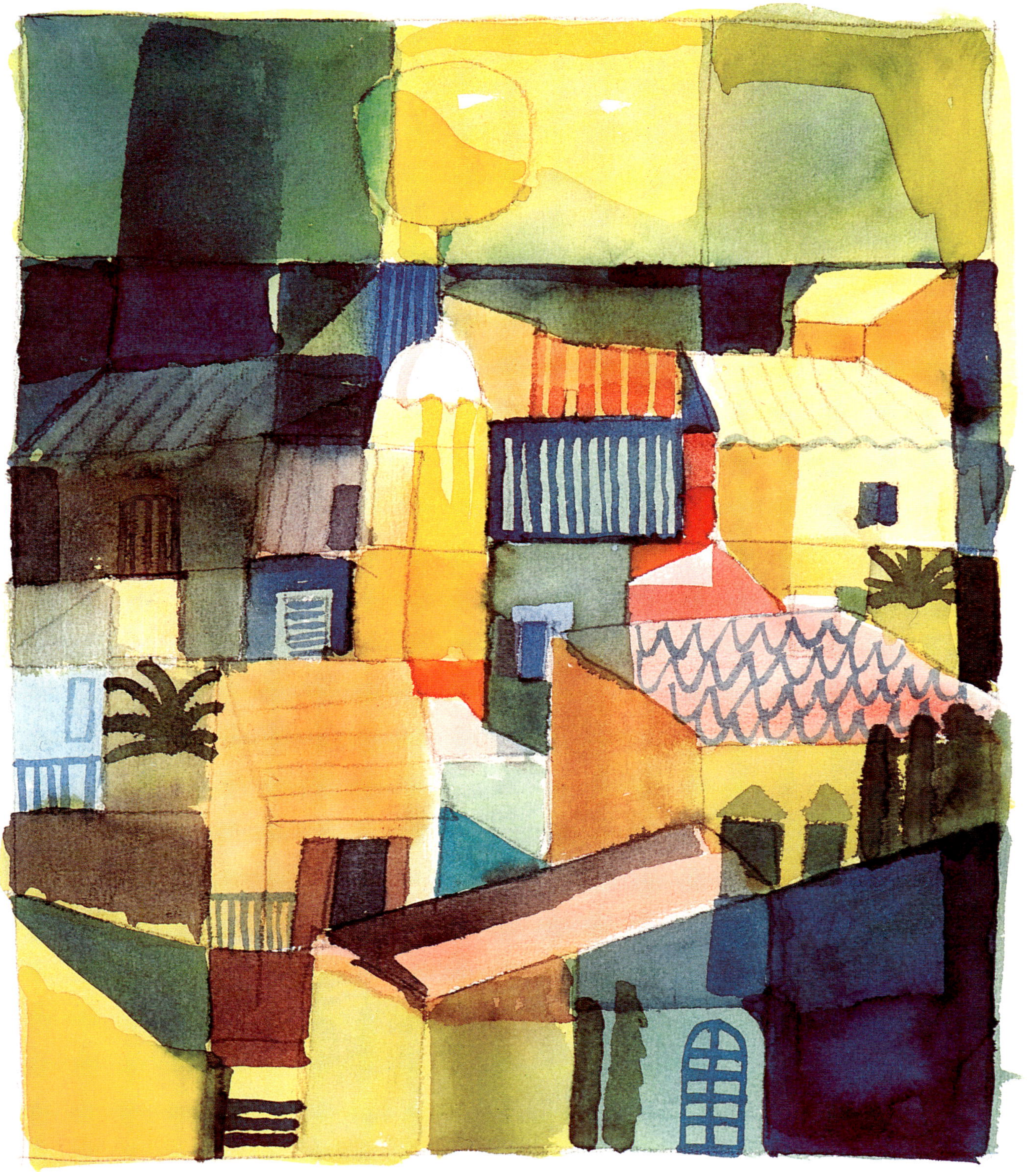

Abstrahierte Architektur und Landschaft lädt zum Fabulieren ein, zum Spielen mit Form, Fläche und Farbe. Ziegelstrukturen, Balkongitter, Fensterläden oder andere Dinge, die man einmal gesehen hat, kann man einbauen und dabei dem Motiv zusätzlich typische Elemente geben. Palmen, Zypressen und Agaven runden den südlichen Eindruck ab. Masten von Segelschiffen, Farbakzente in Rot und Orange, welche die Neonreklamen symbolisieren sollen, werden überall in die Bildkomposition eingebaut.
Bei allem Sich-treiben-Lassen achte ich trotzdem darauf, daß eine gewisse Räumlichkeit bestehen bleibt. In diesem Fall der helle Kirchturm vor den dunkleren Gebäuden und dem tiefblauen Meer.

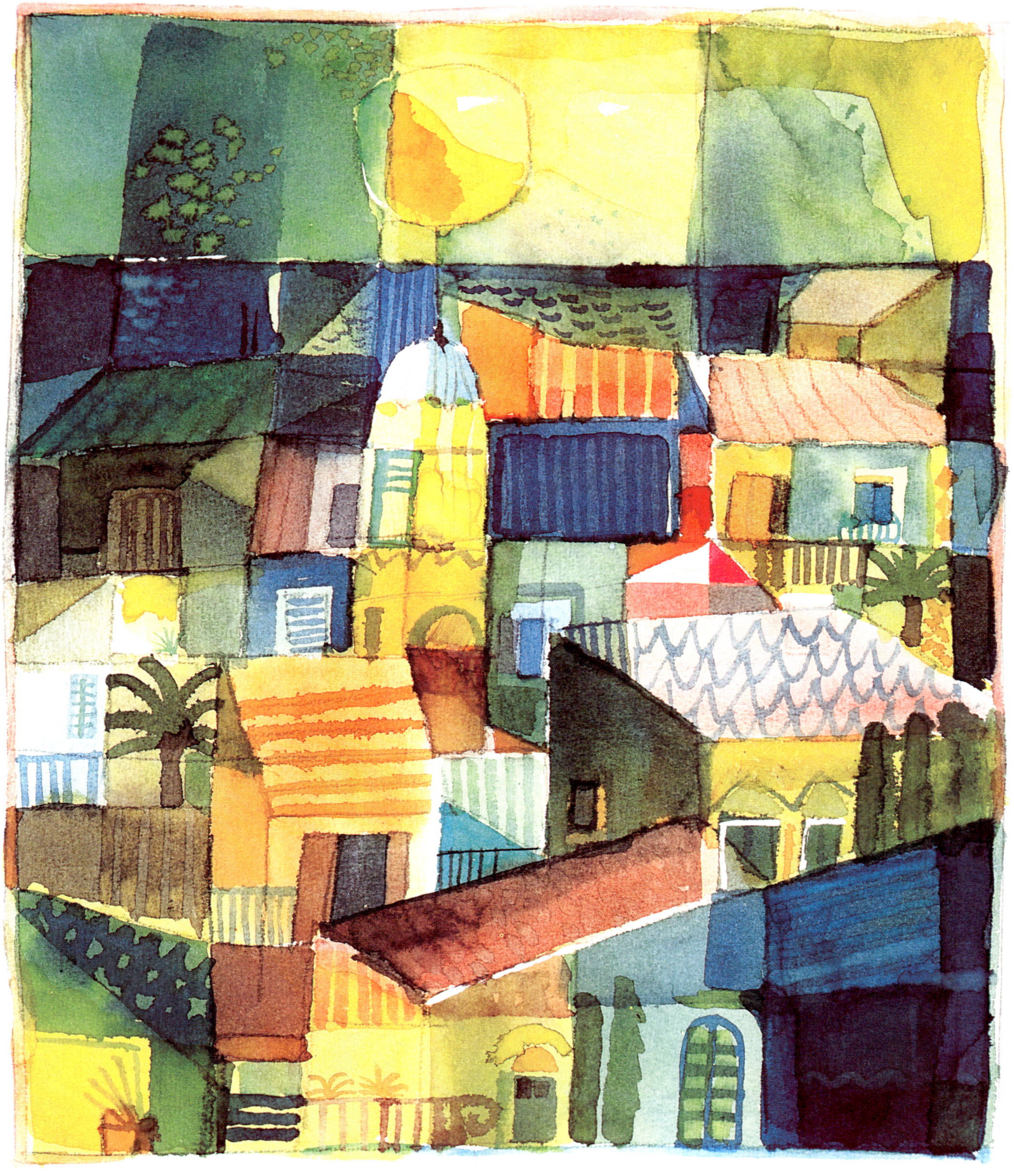

Der gelb-orangefarbene Mond läßt, unterstützt durch die gelbgrüne Fläche rechts, das Bild nicht zu düster werden. Und sollte der preußischblaue Himmel doch einmal zu dunkel ausgefallen sein, ein paar zitronengelbe Farbtupfer als Sterne wirken Wunder. (Nicht ganz trocknen lassen, sondern vorher mit einem Papiertaschentuch abtupfen.) Wenn trotzdem eine Farbfläche mißraten ist, überklebe ich diese mit dem neuen Farbton, den ich vorher auf einem anderen Aquarellbogen ausprobiert habe. So ist die ganze Arbeit nicht umsonst.

Manchmal gehe ich sogar so weit, mir aus Illustrierten Farbschnipsel herauszuschneiden und meine Arbeit durch Collagieren zu ergänzen. Dies nur als zusätzlicher Tip, denn wie Sie wissen, ist in der Malerei alles erlaubt, was Ihnen gefällt.

Ein belebter Platz

von Jos K. Biersack

Zwar gehören Überraschungen zum Reiz der Aquarellmalerei, doch sollte man trotzdem versuchen, sie in Grenzen zu halten. Ich arbeite mit klaren Linien und Kanten, spiele aber mit den Flächen. Die Kanten bekommt man, wenn man die Farbe an einer gedachten oder gezeichneten Linie entlang ansetzt und sie dann „verzieht", wie ich es nenne.

Die Farbe wird unten aufgetragen und mit klarem Wasser und einem zweiten Pinsel nach oben verwaschen.

Lebendige Strukturen entstehen, wenn man in die noch feuchte Fläche eine andere Farbe hineinspritzt.

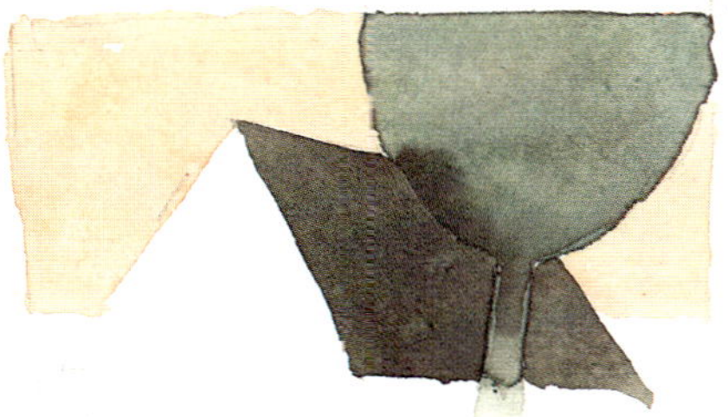

Sind alle Flächen gleichwertig, fehlt Stimmung (oben). Werden aber Dach und Baum oben heller, entsteht Atmosphäre (rechts). Zwei weitere Beispiele unten: Läßt man das Dach oben hell stehen, verlangt der Himmel nach einer dunklen Abgrenzung zum Dach. Ist das Dach dagegen vollflächig, lasse ich den Himmel zum Dach hin hell verlaufen.

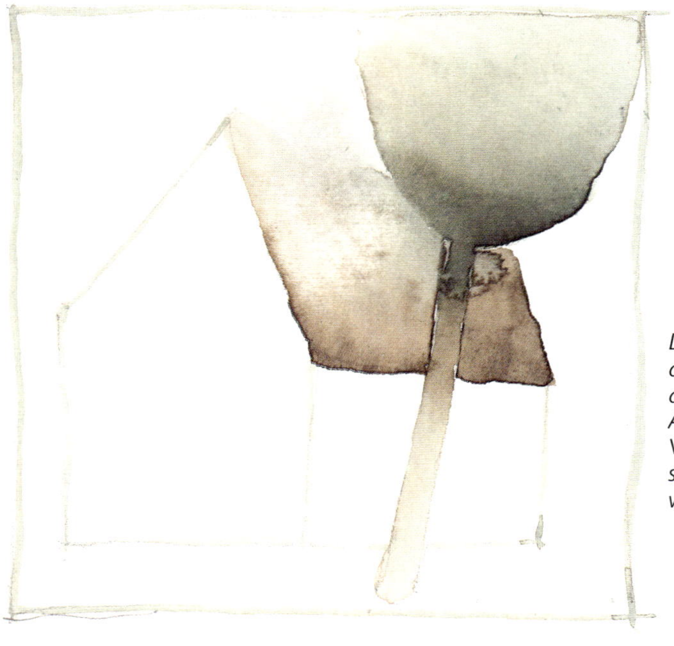

Drei Beispiele, um die Flächen lebendiger zu machen: Ausdünnen oder Verziehen in gegenseitiger Wechselwirkung.

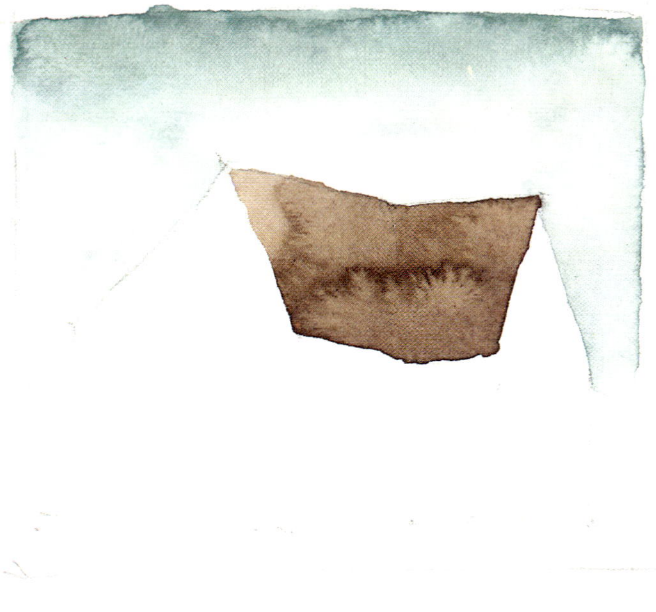

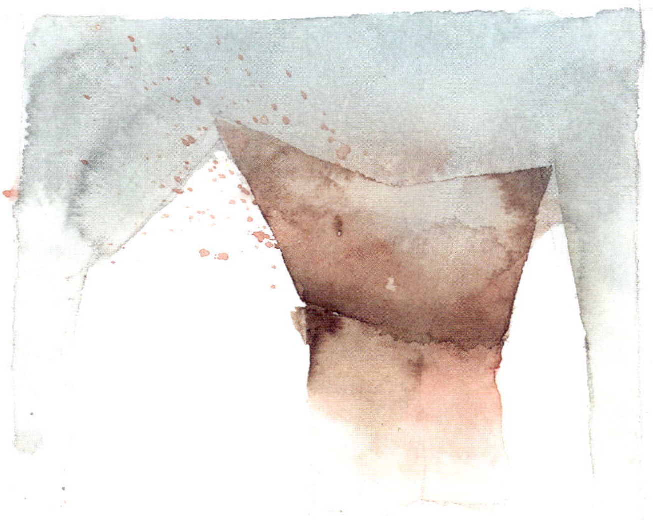

Das Motiv ist einfach, trotzdem entsteht durch die Technik viel Lebendigkeit. In die leicht angetrocknete, aber noch feuchte Farbe des Daches habe ich den Himmel hineinlaufen lassen. Das Dach wirkt dadurch leichter und auch höher. Die zarte Oberlinie ist nicht gezeichnet, sondern entsteht durch den angetrockneten Teil der Farbe.

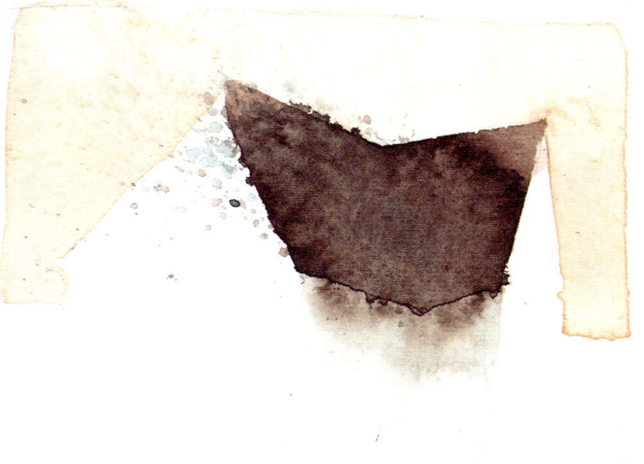

Eine Variation: In das noch nasse Braun wird eine andere Farbe hineingespritzt. An der Stelle, an die mehr Wasser gelangt ist, verläuft die Farbe stärker, auch hier bleibt eine angetrocknete Begrenzungslinie stehen. Nach außen hin werden dann die Spritzer deutlicher.

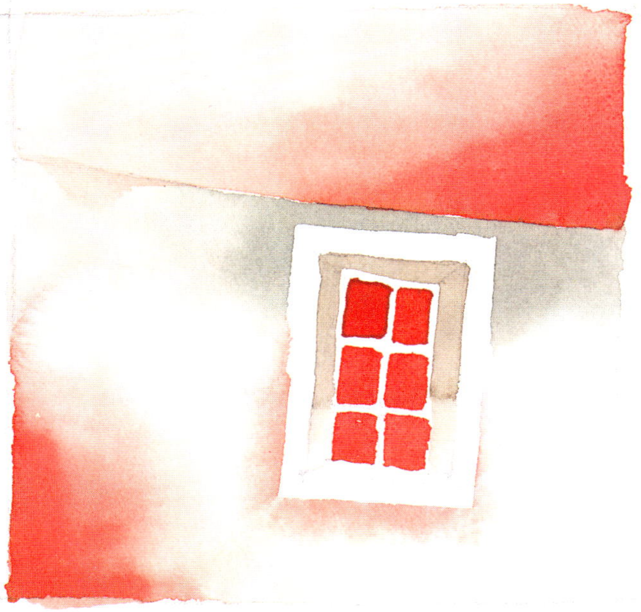

Rot ist eine sehr dominierende Farbe und drängt sich leicht in den Vordergrund. Mir wirkt ein Bild viel zu unruhig, wenn das Rot an mehreren Stellen auftaucht, so wie oben. Die Technik auch hier: Die Farbe an einer Linie ansetzen und mit sauberem Wasser verziehen – das Rot nach oben, das Grau nach unten.

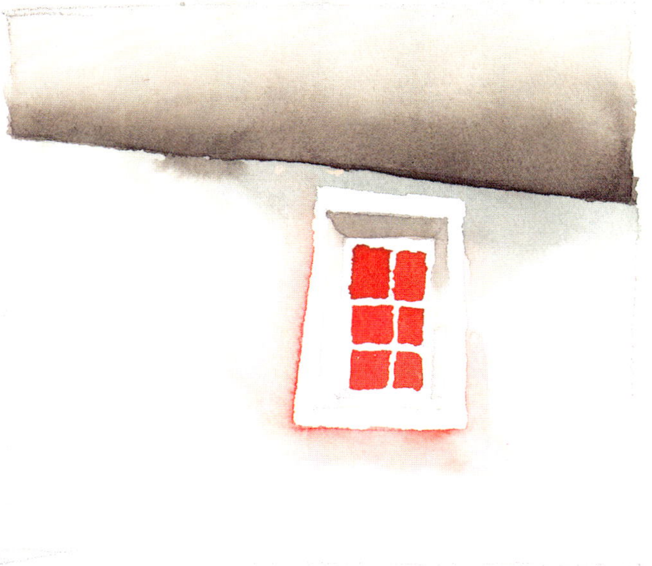

Ich setze Rot ganz gezielt ein, am liebsten nur an einer Stelle des Bildes. Damit bekommt es eine klare Funktion, ohne alles andere zu übertönen. Vermeiden Sie langweilige, gleichmäßige Flächen, malen Sie also Ihr Motiv nicht einfach aus. Versuchen Sie jede einzelne Fläche zu gestalten und zu formen. Sie sehen, daß ich sogar die kleinen Flächen im Fenster verlaufen lasse. So entstehen Schatten und damit auch Plastizität und Tiefe.

Für mich ist die Vorarbeit sehr wichtig: das Zeichnen. Ich zeichne an Ort und Stelle, halte alle wichtigen Eindrücke fest und natürlich die Proportionen der Gebäude. Manchmal fotografiere ich auch zur Gedächtnisstütze. Gearbeitet wird dann in aller Ruhe zu Hause. Links sehen Sie meine Skizze der Prager Oper. Diese Skizze übertrage ich in stark vereinfachter Form auf das Aquarellpapier. Alles, was weiß werden soll, wird mit Rubbelkrepp aufgemalt. Dazu nehme ich einen (billigen) Pinsel, leicht angefeuchtet, und trage den flüssigen Gummi auf die Stellen auf, die weiß bleiben sollen. (Pinsel danach gleich auswaschen!) Hier sind das die elektrischen Drähte, Punkte für die Laternen und ein paar Punkte der Dachverzierungen.

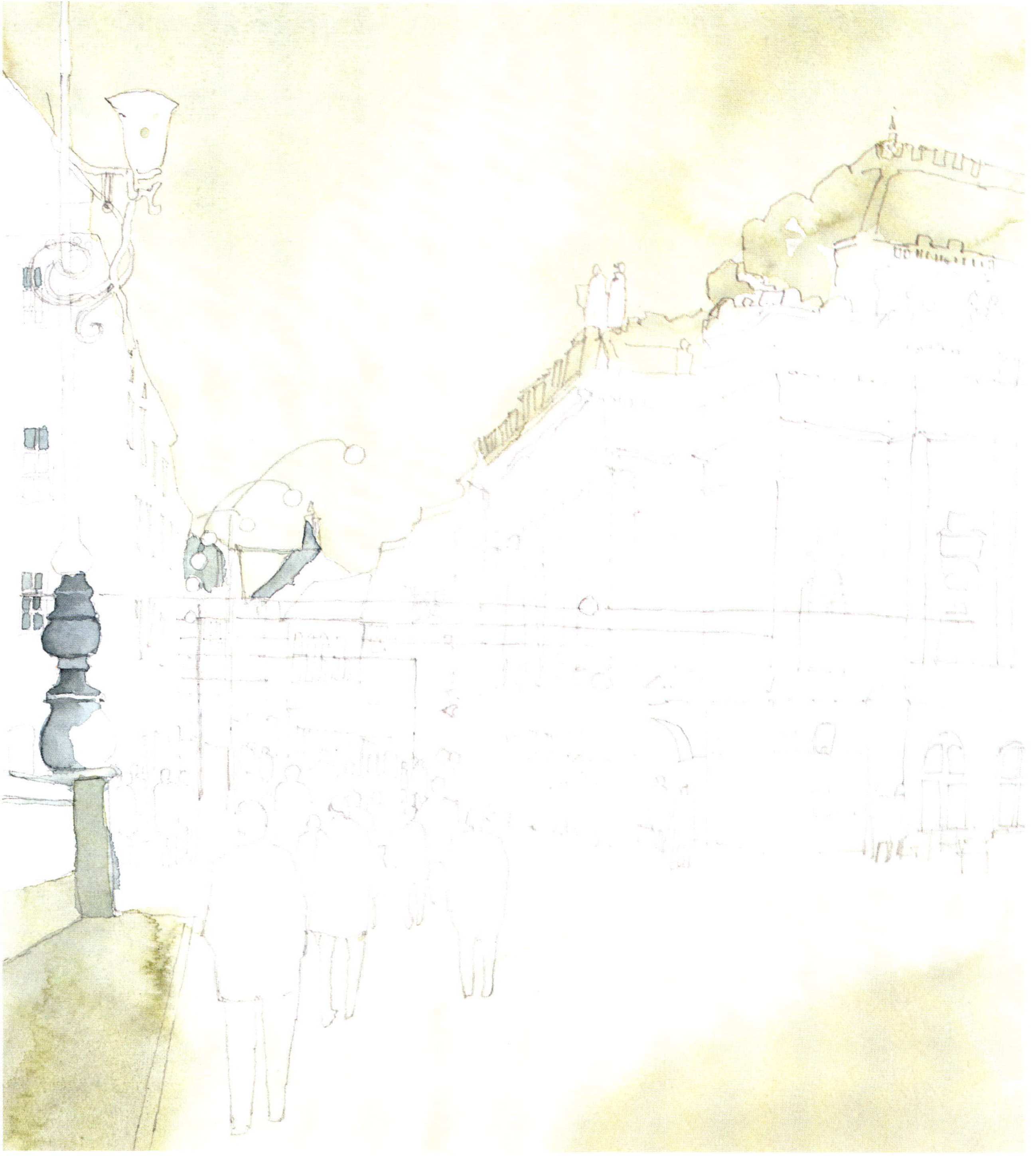

Am liebsten male ich mit Japanpinseln, da diese Rundpinsel mehr Wasser halten und doch eine sehr feine Spitze haben.

Als erste Farbe trage ich eine Mischung aus Kobaltgrün, Ocker und Vandyckbraun, gemischt mit Deckweiß, auf. Ich beginne von unten an den Dächern, gebe dann klares Wasser dazu und kippe das Bild zum oberen Rand hin, so daß Wasser und Farbe laufen können. Das gleiche geschieht mit der Farbfläche für den Boden, dann lasse ich alles trocknen. Erst wenn alles vollständig getrocknet ist, arbeite ich weiter. Die ersten Verstärkungen der Farbe kommen auf die Dächer, dazu schon ein paar der blauen Flächen. Ich überlege mir genau, welche Stellen dunkel werden sollen und welche nicht.

Wichtig: Arbeiten Sie in diesem Stadium nur flächig, für Akzente und Effekte ist es noch zu früh.

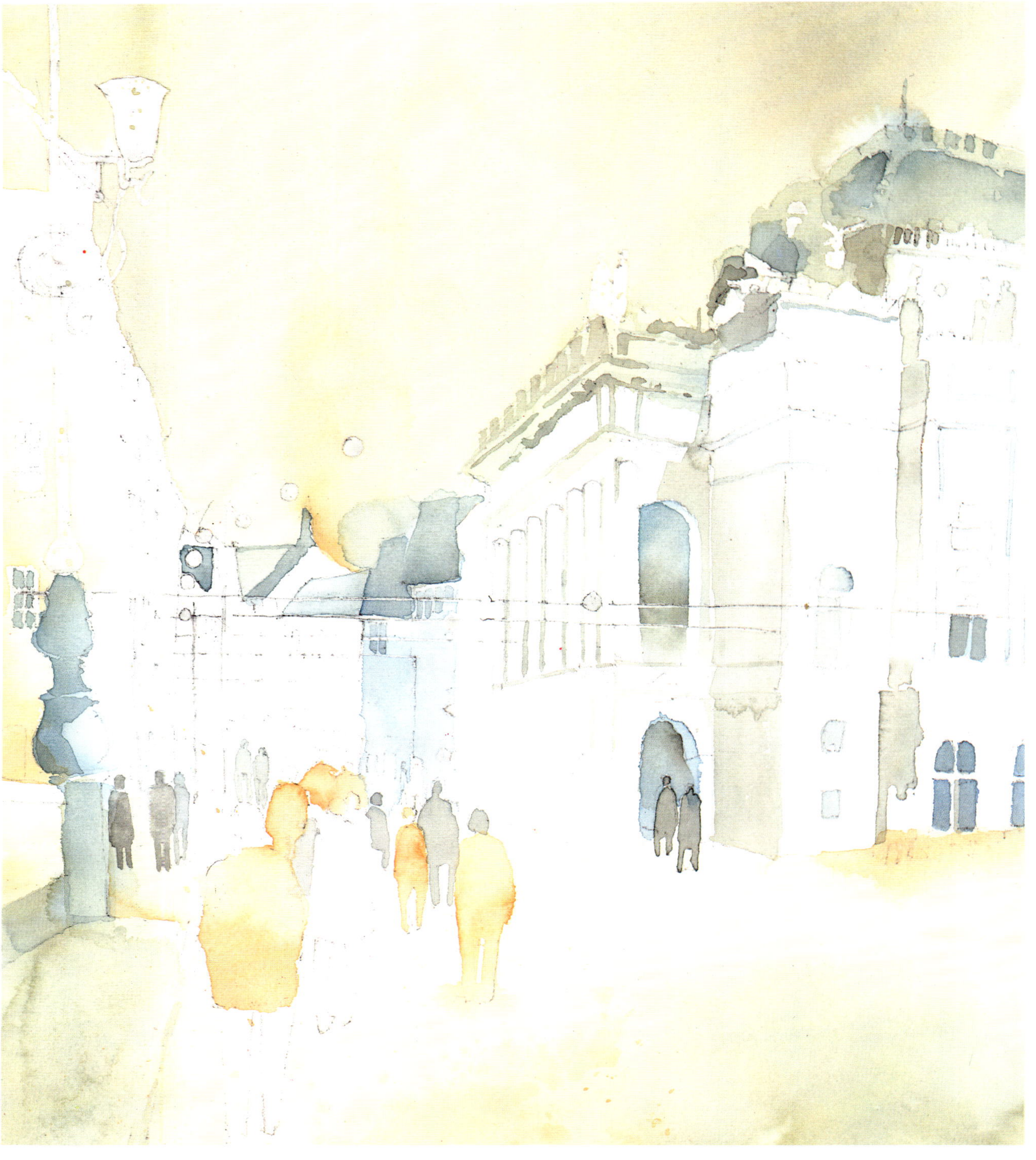

Wieder ist das Blatt trocken. Jetzt kommen die restlichen blauen Flächen dazu, die natürlich in unterschiedlicher Dichte gemalt werden, teilweise auch mit Kobaltgrün oder Paynesgrau vermischt. Nun feuchte ich den Himmel an, ziehe das Ocker hinein und verteile es vorsichtig. Dann tupfe ich die überschüssige Farbe mit einem Papiertaschentuch wieder ab – wie übrigens auch schon beim zweiten Schritt an den Rändern. Auch bei allen anderen Flächen gehe ich so vor. Durch das Abtupfen wird die Farbe im Inneren der Fläche heller, außen können Ränder stehenbleiben. Sie sehen das bei den Menschen sehr gut. Die Menschen gehören zu diesem Bild, denn sie sind typisch für diesen Platz. Ich setze sie jedoch mehr als Gestaltungselement ein, deshalb ist mir die Art oder gar Farbe der Kleidung völlig egal, ich passe sie meinem Bild an. Wieder lasse ich alles trocknen.

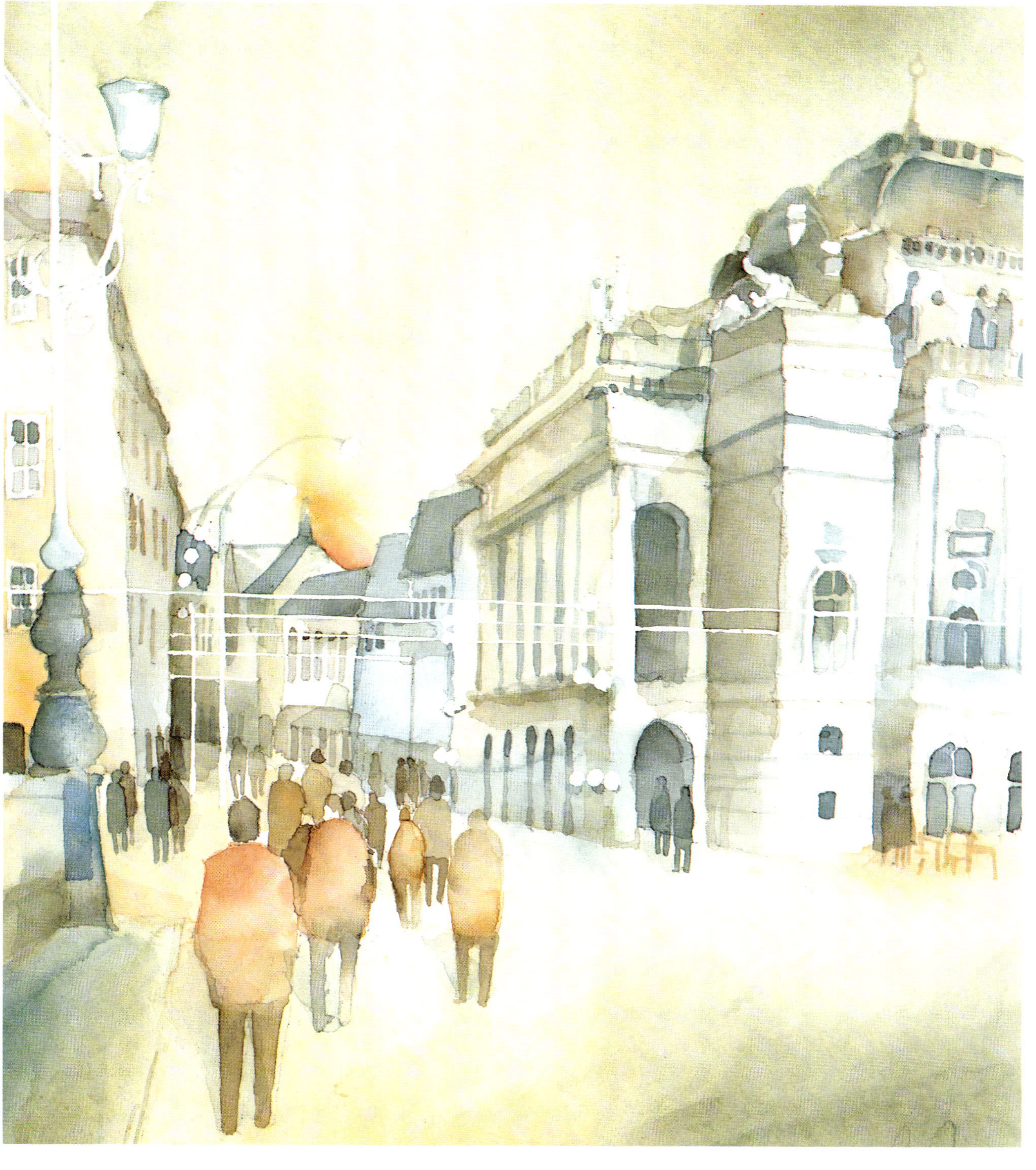

Nun verstärke ich am Himmel die Grundfarbe – ich feuchte die Fläche erneut an, trage die Farbe auf und nehme sie vorsichtig an den Rändern mit einem Papiertaschentuch wieder ab. Auch wird es Zeit, die Perspektive deutlicher herauszuarbeiten und auf die Architektur einzugehen. Ich nehme etwas Kobaltgrün dunkel und mische Vandyckbraun dazu. Damit töne ich die perspektivischen Flächen der Architektur ab. Ich verstärke das Blau am Laternenmast und am Gehsteig, um mehr Tiefe zu erhalten.

Nun kommt noch Rot dazu, an den Kleidern und ein bißchen am Himmel. Das genügt vollkommen, denn, wie schon erwähnt: Verteilt man Rot über das ganze Bild, springt das Auge nur noch von einem roten Punkt zum anderen, und das Bild wirkt zu unruhig. Nun male ich weiter mit warmem Braun in der Kleidung der Menschen und verstärke mit derselben Farbe noch mehr die Architektur. Dies ist der Zeitpunkt, um Akzente zu setzen und Effekte zu malen. Zuletzt entferne ich den Rubbelkrepp und töne die weißen Stellen teilweise etwas ab, wie z. B. in der Lampe links oben. Vielleicht könnte ich noch weitermalen, doch ich höre lieber auf, damit ich mich nicht in unnötigen Details verliere und so die Klarheit des Bildes zerstöre.

In Venedig

mit Michael Auth

Als Architekt faszinieren mich natürlich Gebäude. Italien hat es mir da, sicher auch wegen meiner vielen Aufenthalte dort, ganz besonders angetan. Nun ist das einfache Abmalen von Dingen für mich nicht sehr befriedigend. Ich halte es für wesentlich wichtiger, die Atmosphäre eines Platzes oder einer Straße zu erfassen. Allerdings setzt das freie Umsetzen ein gewisses Wissen voraus – man kann nicht etwas frei nachempfinden, das man nicht kennt. Ich rate Ihnen also, so oft wie möglich Skizzen zu machen, sich Perspektiven, Fenster oder Dächer genau anzuschauen, dann können Sie mit ihnen „spielen", wie es Ihnen gefällt.
Für mich ist in jedem Bild das Zentrum wichtig, das heißt aber nicht, daß es in der Mitte liegen muß. Von diesem Zentrum aus kann nach außen hin alles andere aufgelöst werden. Der Einfachheit halber habe ich mein Vorgehen in den kleinen Skizzen unten mit roten Nummern gekennzeichnet.

1) Hier liegt mein Bildzentrum, das ich von Anfang an festlege. Details wie Fenster, Türen, Kamine etc. werden mit wenig verdünnter Farbe ziemlich exakt gezeichnet. Die Umgebung bekommt hellere Farben und wird unschärfer.
2) Ich lege mehrere Farbschichten an, jeweils auf schon getrocknetem Untergrund. Die Farben werden verdünnt aufgetragen, so daß das weiße Papier immer durchscheint.
3) Die Zentrumsränder werden aufgehellt. Ich gehe mit mehr oder weniger verdünntem Deckweiß darüber, um unscharf und malerisch auslaufende Ränder zu erhalten.
4) Nach dem Farbauftrag kann die Bleistiftzeichnung verstärkt werden. Ich lasse mich dabei oft von den verschiedenen Farbaufträgen leiten und forme so die Gebäude nach oder lasse neue entstehen.

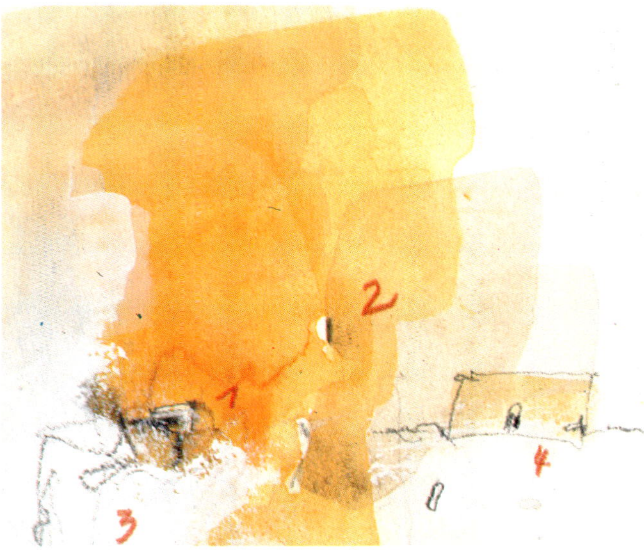

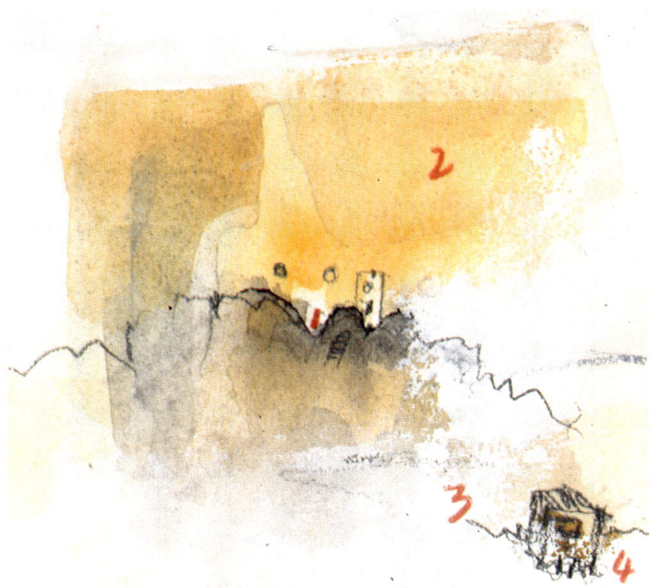

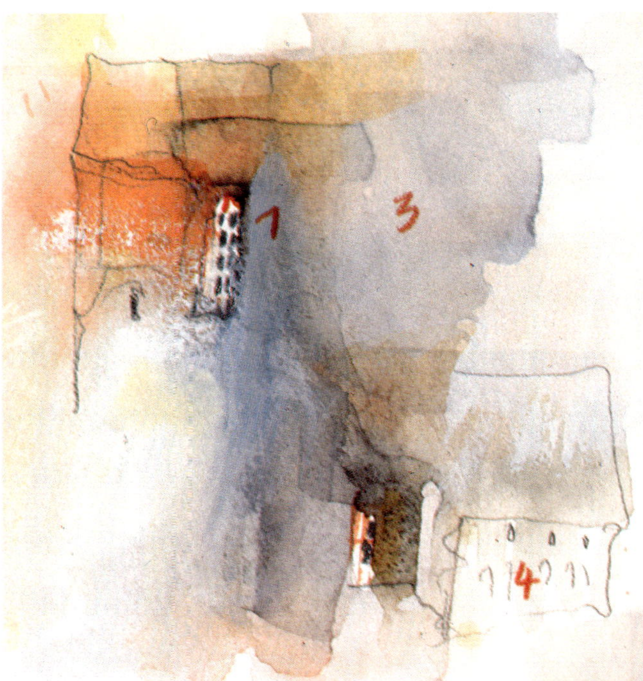

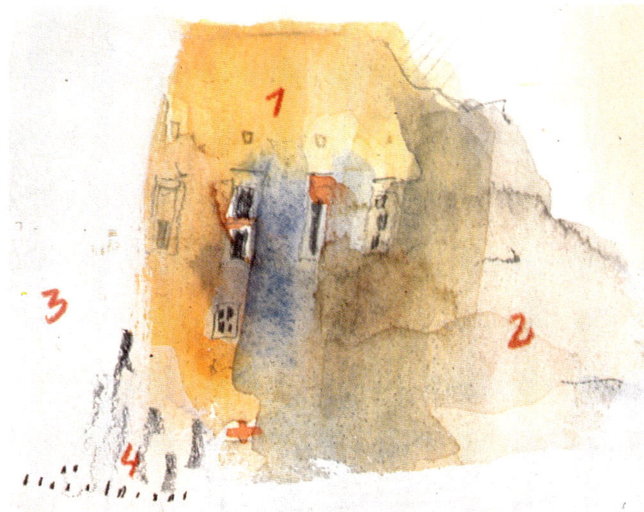

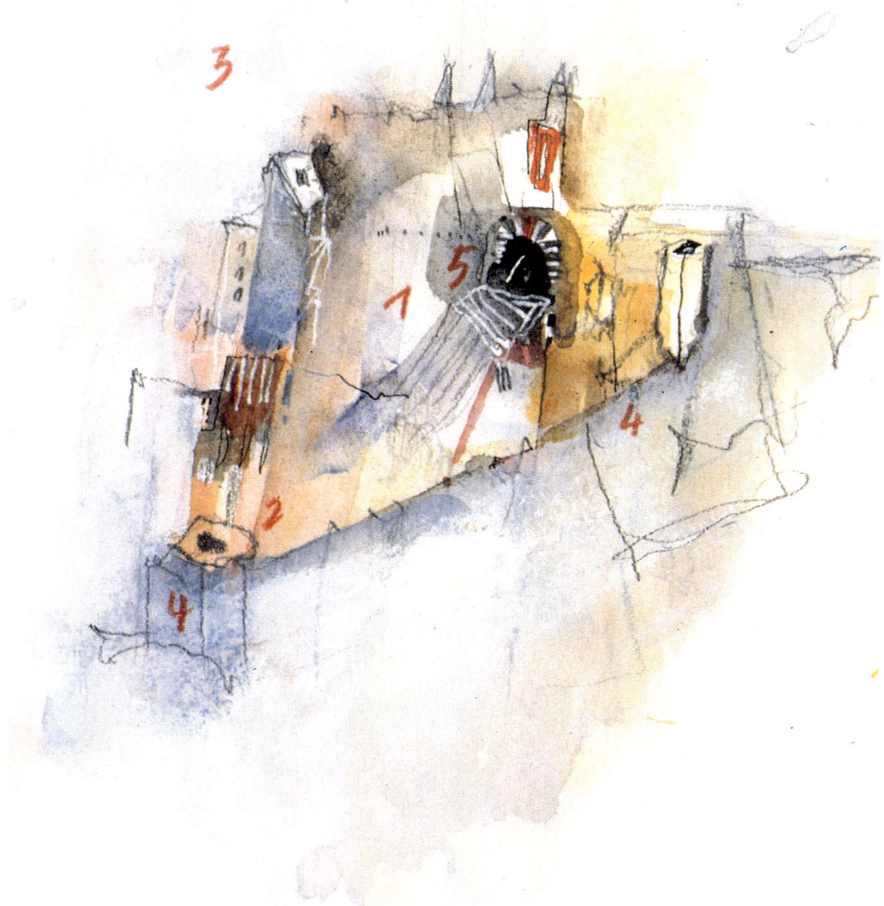

Ohne daß das Bild den Aquarellcharakter verliert, lassen sich interessante Ergebnisse erzielen, wenn man über die dunkle Farbe mit weißer Tusche zeichnet. (Ich habe das hier mit einer roten 5 gekennzeichnet.)
Versuchen Sie einmal folgende Übung: Sie legen verschiedene rechteckige Farbflächen an, die Flächen, die im Mittelpunkt liegen, dunkler und die nach außen hin heller.
Nun nehmen Sie einen weichen, aber gespitzten Bleistift und lassen sich einfach von den Farbflächen inspirieren. Sie werden erstaunt sein, wo Sie Fenster oder Bögen entdecken, Treppen oder Schornsteine. Vergessen Sie feste Vorbilder und folgen Sie nur Ihrer Intuition. Allerdings, wie anfangs schon erwähnt, ist auch dafür die Voraussetzung, daß Sie schon ein paar Studien gemacht haben.

Auch hier sehen Sie den konzentrierten Mittelpunkt mit der Säule, die ich genau an die Kante des Palastes gesetzt habe. Die Fensterbögen sind alles andere als korrekt, trotzdem erkennt jeder sofort den Dogenpalast von Venedig.

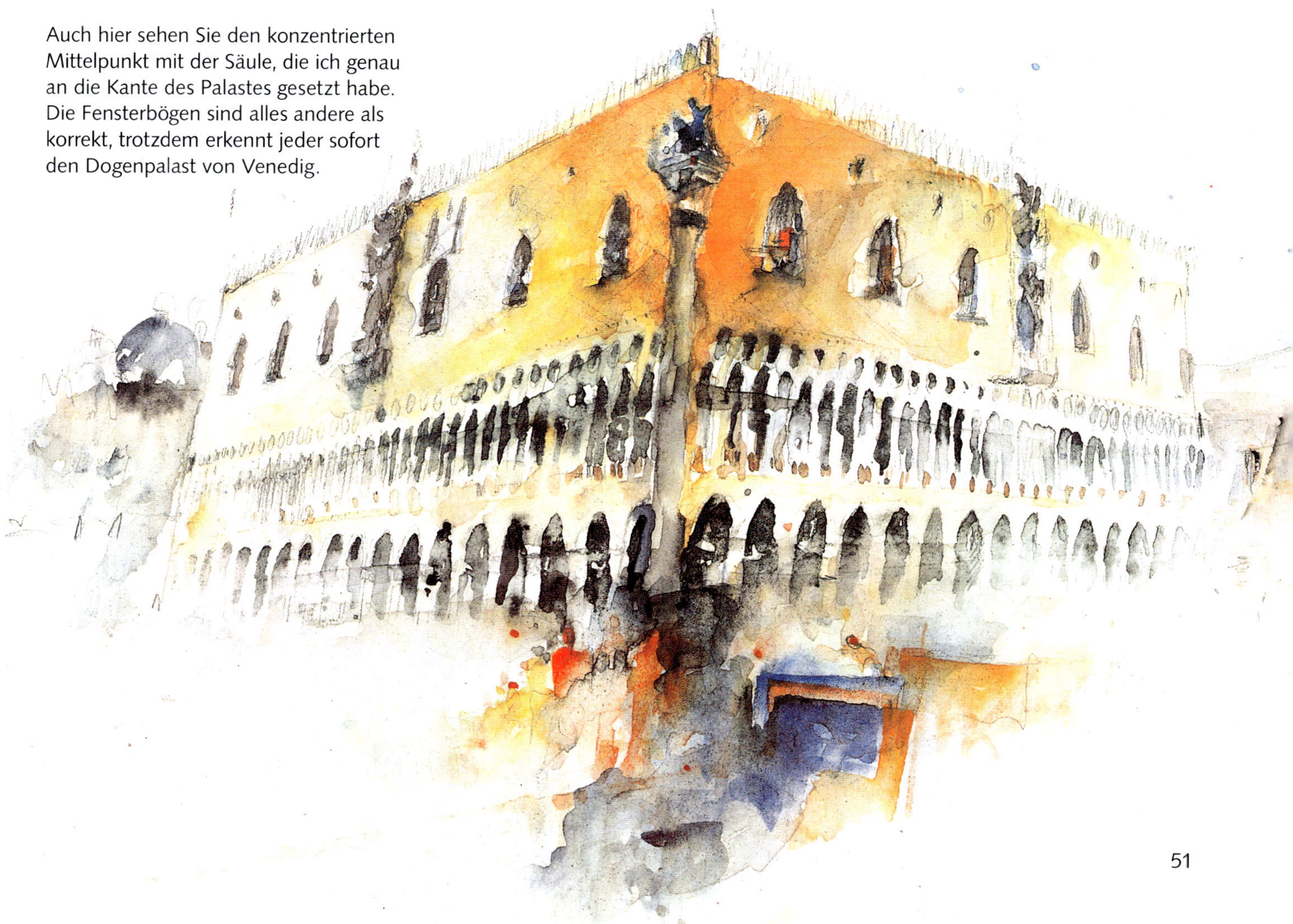

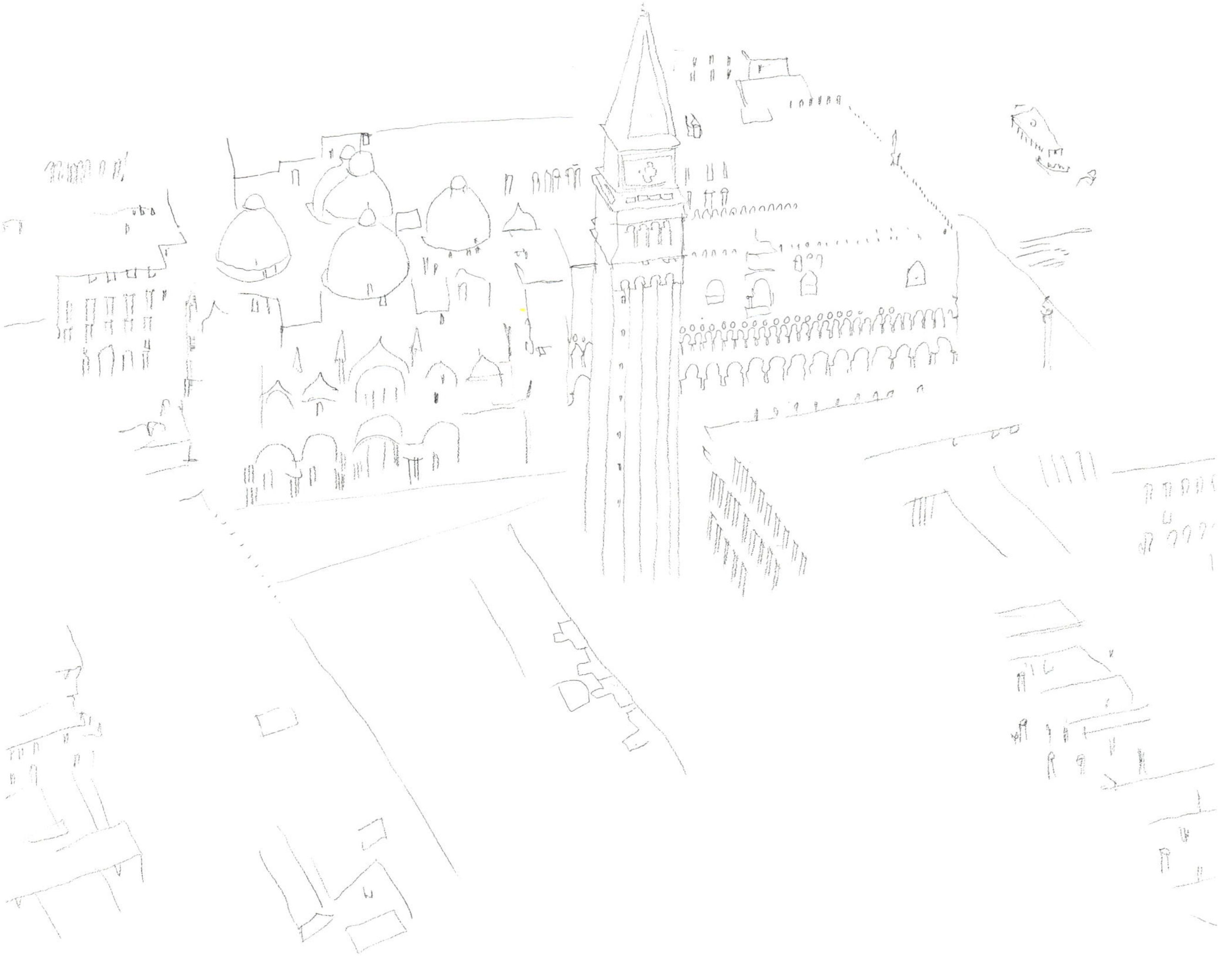

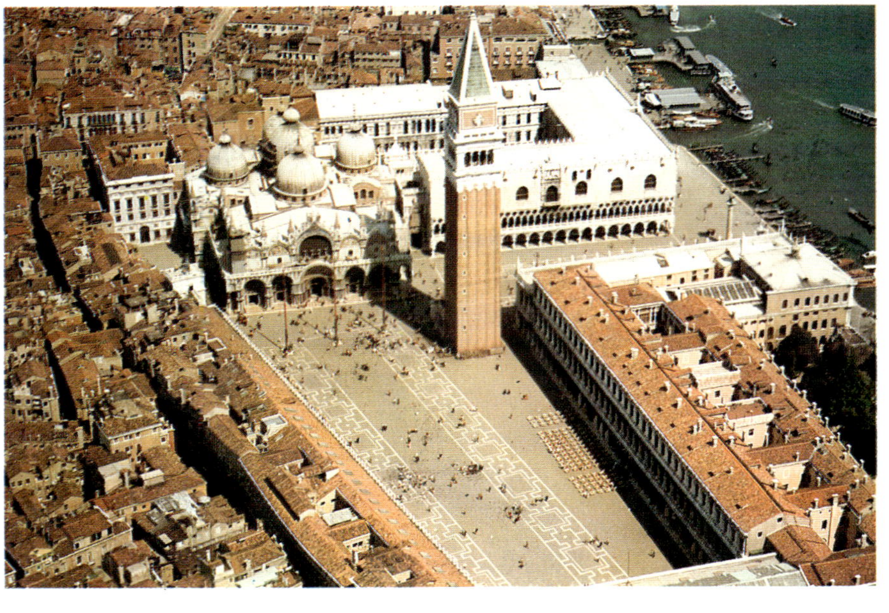

Venedig ist wirklich schon von allen Seiten gemalt worden – ich habe mich deshalb für eine Sicht von oben entschieden. Um nicht auf irgendeinem zugigen Turm stehen zu müssen, habe ich ein Foto als Vorlage verwendet, jedoch nur als ersten Anhaltspunkt. Zunächst werden nur die wesentlichen Strukturen angedeutet, ich bestimme Bildausschnitt und Perspektive. Hier versuche ich noch mit möglichst wenig Strichen auszukommen, um später nicht durch die Bleistiftlinien zu sehr eingeengt zu sein.

Nun beginne ich mit den ersten Farben. Mit Grautönen lege ich die markantesten Dunkelstellen fest, wie zum Beispiel die Fensterreihen oder Torbögen. Das ist sehr wichtig für die räumliche Wirkung des Bildes und zwingt mich dazu, mich auf das Wesentliche zu konzentrieren und mich nicht von unnötigen Details ablenken zu lassen. Natürlich ist das Grau nicht immer nur Grau, es wird, je nach Licht, mit Gelb oder Blau vermischt.

So locker das auch aussehen mag, eine gewisse Bildplanung gehört dazu, denn das Dunkle im Mittelpunkt des Bildes läßt sich später nur schwer wieder korrigieren. Und weil wir gerade beim Mittelpunkt sind: Sie sehen, daß er auch hier bereits dichter angelegt ist als die nach außen laufenden Bildteile. Der Turm und sein Hintergrund spielen in diesem Bild die Hauptrolle.

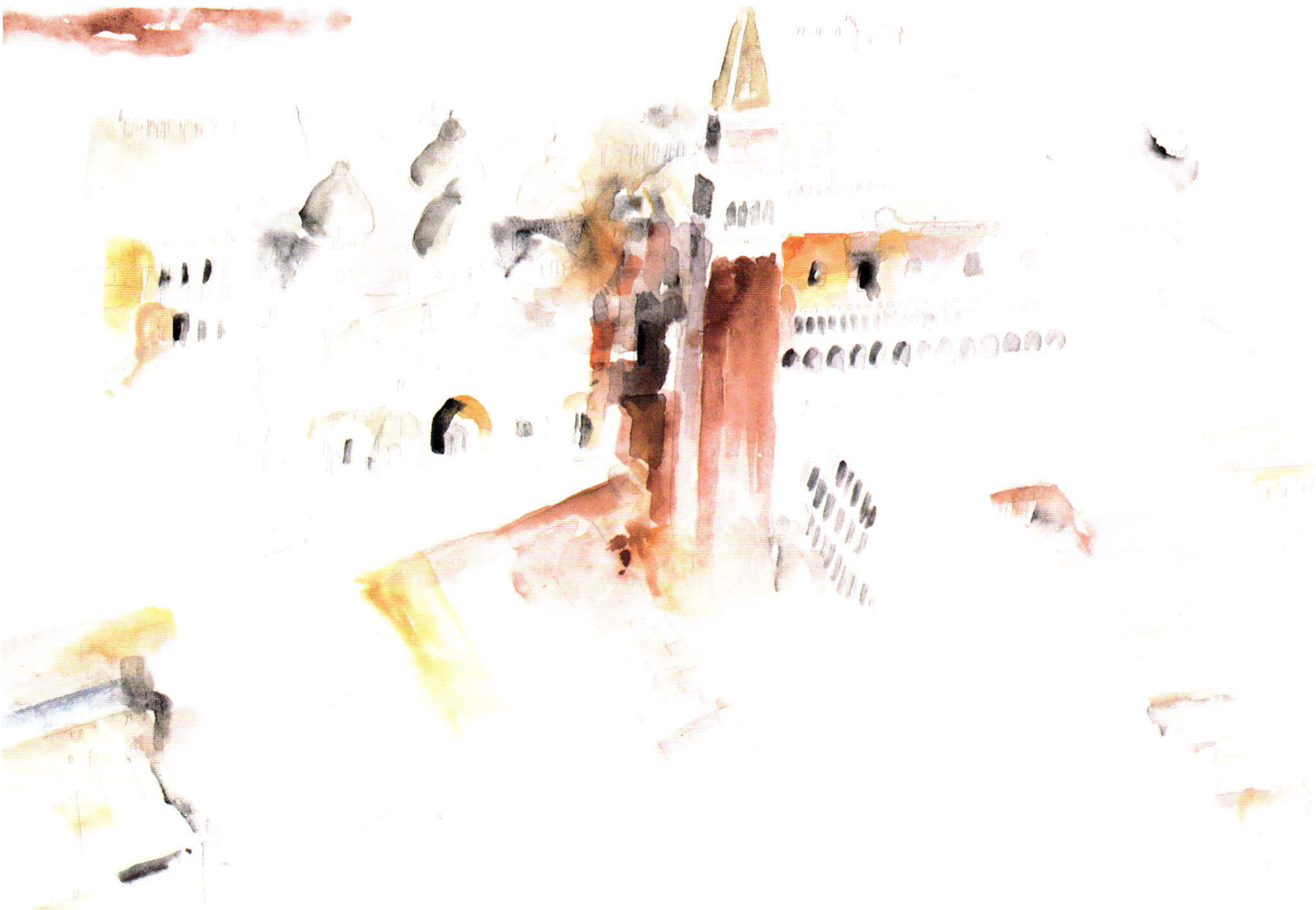

Jetzt werden die Farben erweitert. Ich lege alle bestimmenden Farbflächen fest, das sind hier der Turm und seine nähere Umgebung. Da ich den vorgezeichneten Untergrund habe, brauche ich mich jetzt nicht mit vielen Details abgeben, sondern kann mich vollkommen auf die Farbflächen konzentrieren. Um die durchschimmernden Farben zu erhalten, muß die jeweilige Untergrundfarbe immer ganz trocken sein, bevor ich wieder darübermale.

Fensterspielereien

Ähnlich wie die Augen eines Menschen sind die Fenster bei Gebäuden von starker Ausdruckskraft. Achten Sie bei einem Stadtbummel einmal auf die Vielfalt der Fenster. Da gibt es ein- und zweigeteilte, kleine und große Scheiben, manche haben Fensterläden oder Rolläden, manche stehen halb offen, manche reflektieren die Nachbarschaft. All dies betont das Typische eines Hauses – besonders in Italien wird man in dieser Beziehung fündig.
Wichtig ist vor allem die Dunkelheit dabei. Die einfachste Art, Fenster darzustellen, sind die vier schwarzen Vierecke, untereinandergestellt wie hier in der Skizze.
Wie man mit einfachen Fenstern spielen kann, sehen Sie in der Farbskizze. Ich habe alle möglichen Arten von Fenstern in meinem Gedächtnis und verwende sie oft, um die Wirklichkeit zu verschönern.

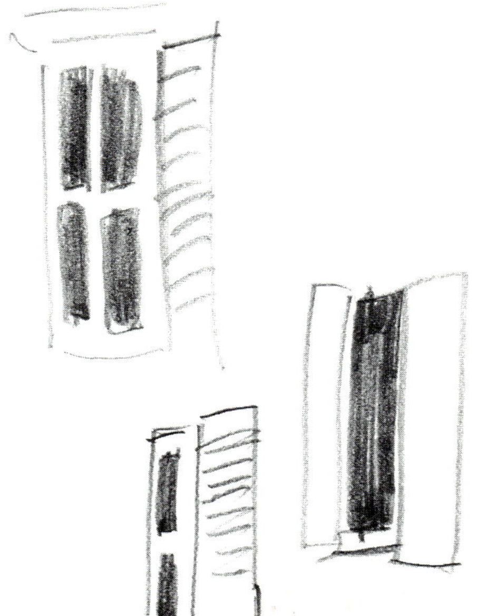

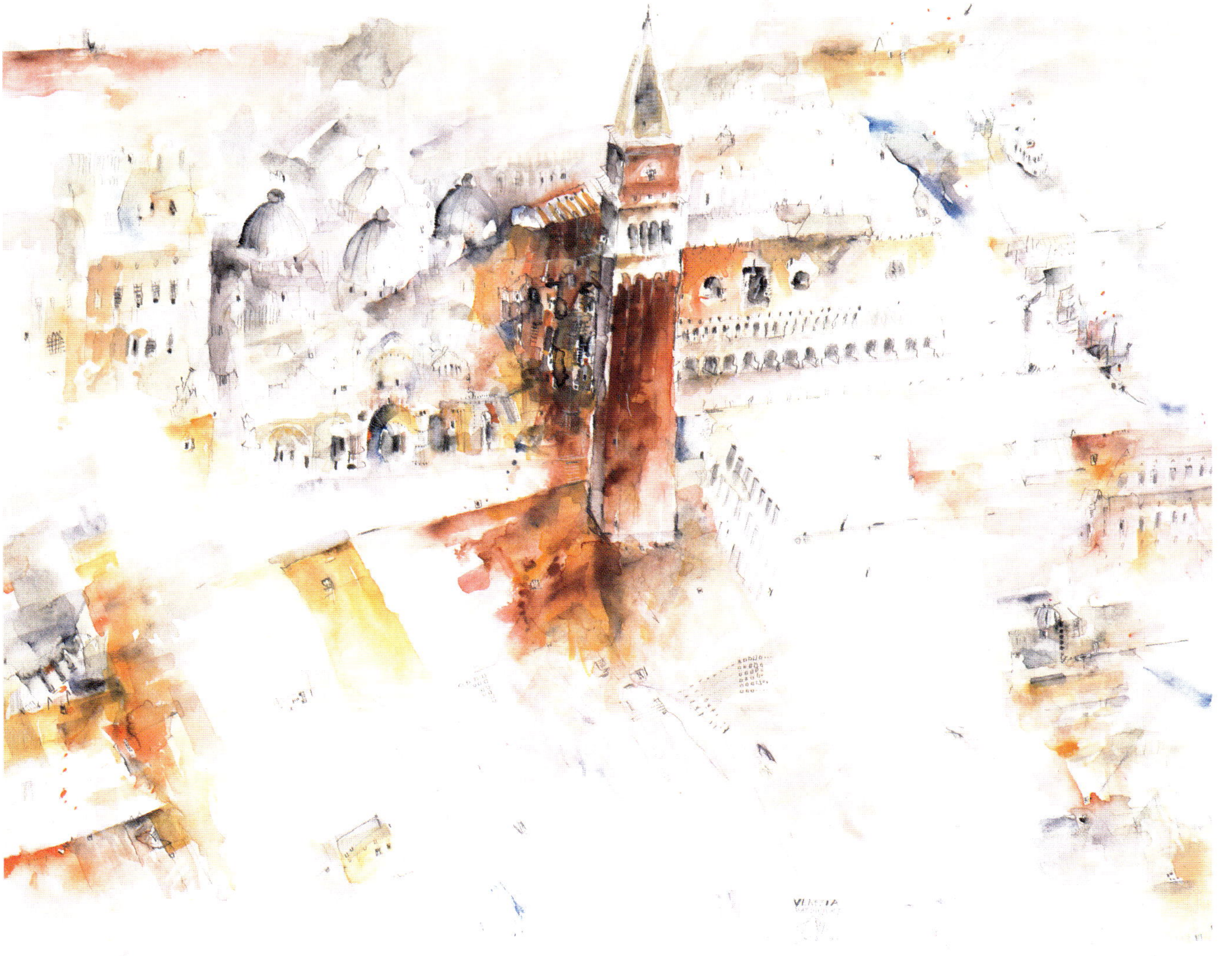

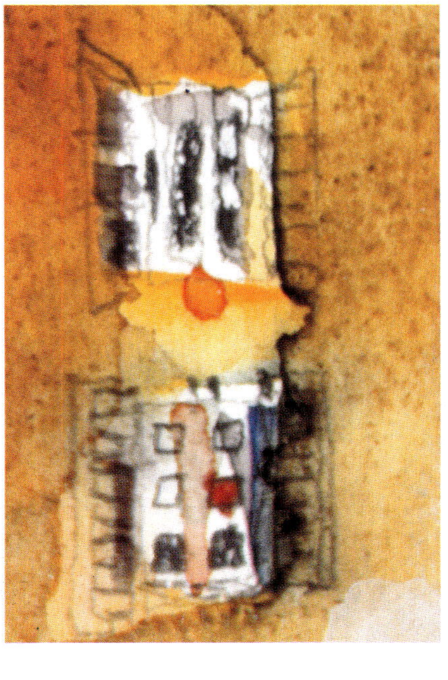

Beim letzten Schritt (von dem man normalerweise leider nicht weiß, wann genau er erreicht ist) wird nun alles weiter verdichtet. Im Bildzentrum male ich mit wenig verdünnter Farbe, außen dafür mit viel Wasser, damit dort die Transparenz erhalten bleibt. Wichtig ist das Weiß, das stehengelassen wird. Auch wenn diese weißen Flächen in Wirklichkeit nicht vorhanden sind, so stellen sie im Bild doch keine „Löcher" dar, sondern das Auge ergänzt diese Skizzenhaftigkeit zu Wänden und Mauern, auf die Licht fällt.
Feine Details zeichne ich mit dem Bleistift zuletzt auf das getrocknete Bild, wie zum Beispiel Fensterläden und Fassadenverzierungen.

Experimente

„Der kleinste Versuch von der Hand eines Malers bringt die Kunsttheorie weiter als eine Million Bücher", sagte sinngemäß schon der englische Maler Sir Joshua Reynolds (1723 – 1792), und das gilt bis heute. Haben Sie also Mut, auch einmal etwas Ungewöhnliches auszuprobieren – alles ist erlaubt, was Ihnen Spaß macht. Wenn etwas danebengeht, ist immer nur ein Stück Papier vertan. Sehen wir uns also ein paar Versuche an, sicher fällt Ihnen noch viel mehr ein.

Rechts: Wenn man Salz in die nasse Farbe streut, weichen die Farbpigmente zurück und setzen sich an den Rändern fest. Oben habe ich feines Salz in das Bild gestreut, unten grobkörniges.

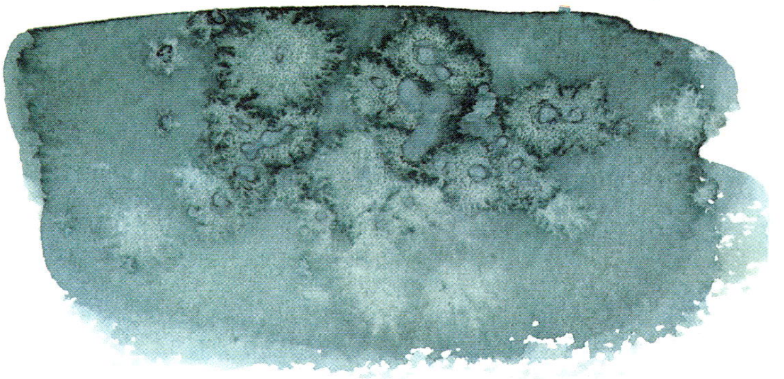

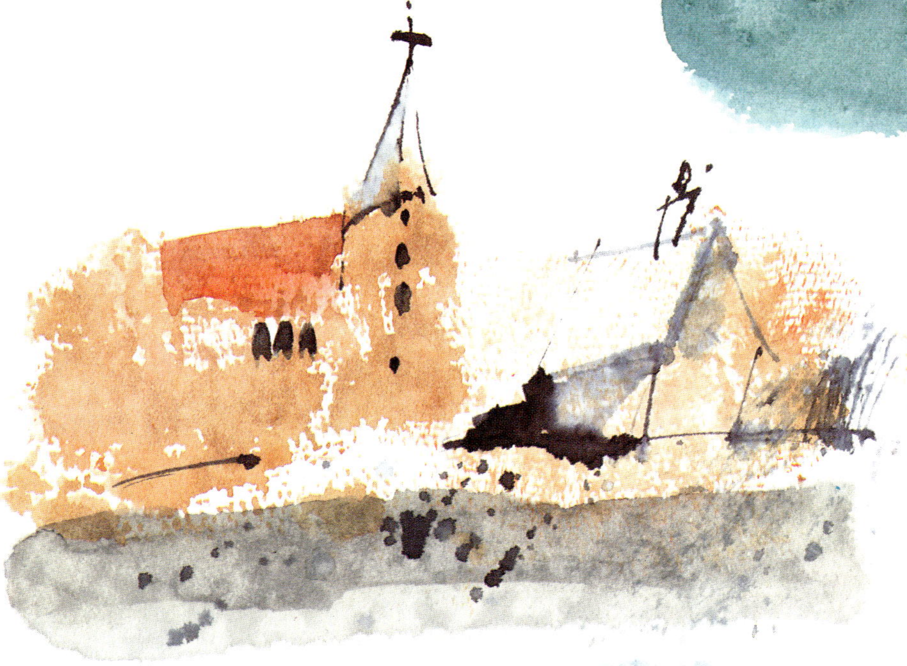

Man kann die Farbe durch verschiedene Gewebearten hindurchmalen, ähnlich wie durch ein Sieb. Ich habe zum Beispiel ein Stück Mullbinde genommen. Natürlich hängt es nun von der Flüssigkeit der Farbe ab, wie die Struktur später aussieht. Hier sehen Sie zwei Möglichkeiten, diese Struktur weiterzuverarbeiten. Links auf rauhem Aquarellpapier, unten auf dem stark strukturierten Canson-Papier.

Das Gewebe drückt sich auf das Papier ab und läßt sich weiterverarbeiten. Hier ein Stück Mullbinde.

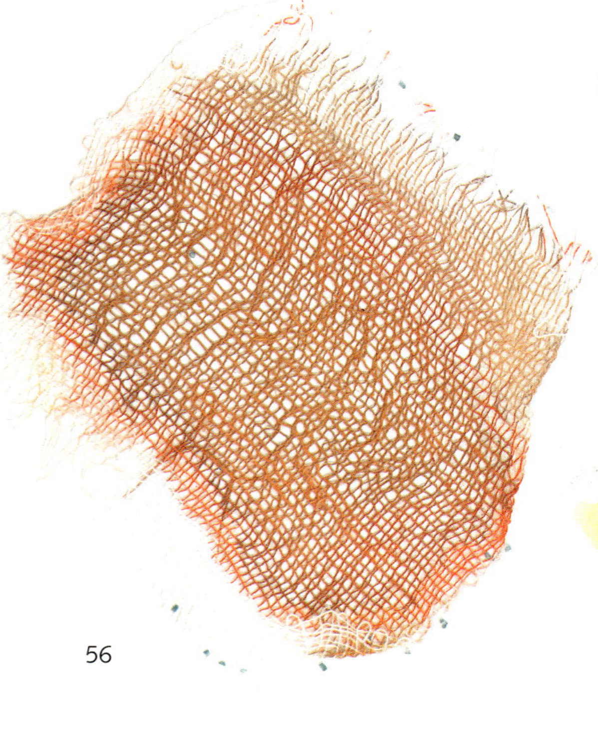

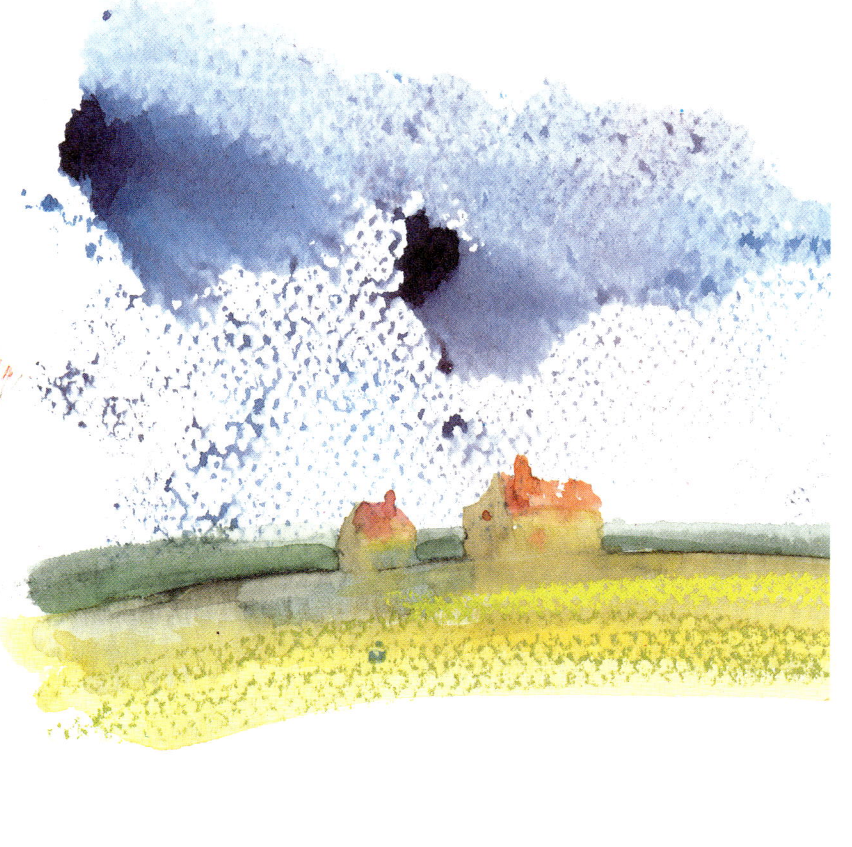

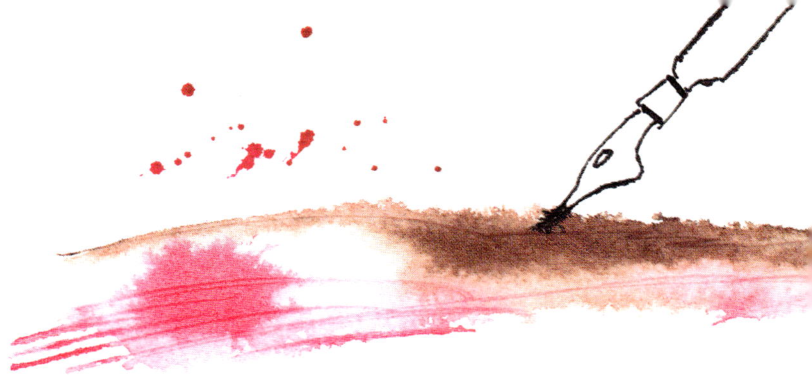

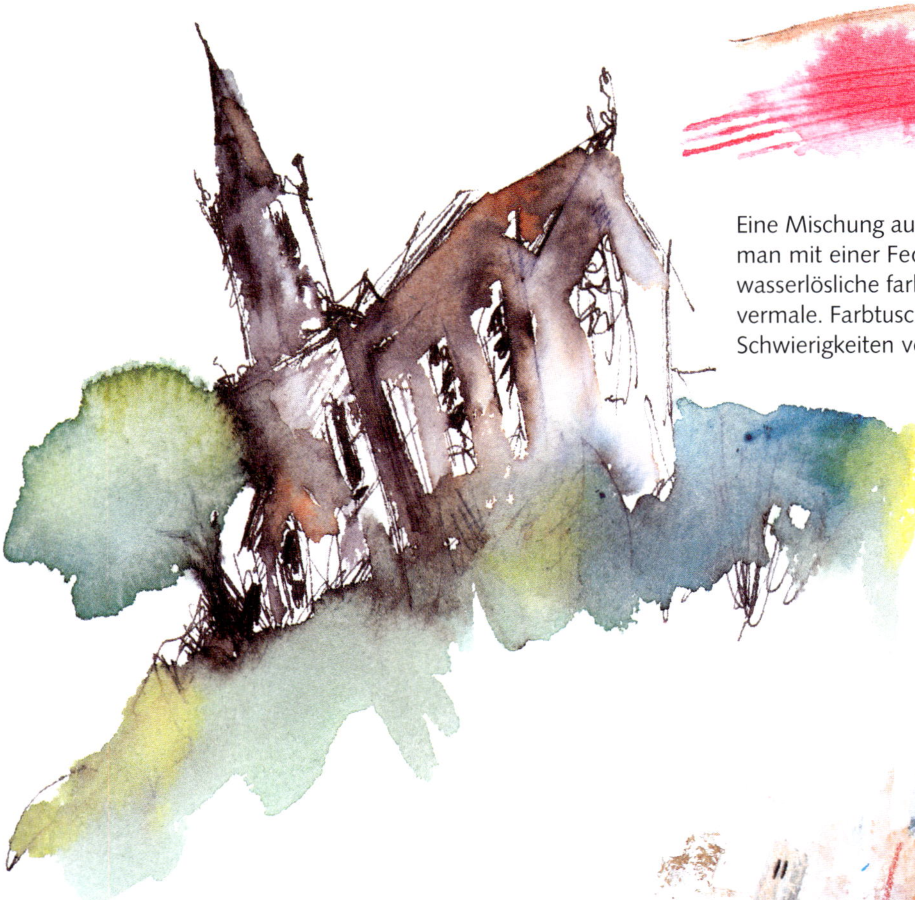

Eine Mischung aus Zeichnung und Aquarell entsteht, wenn man mit einer Feder in die Farbe zeichnet. Ich verwende dazu wasserlösliche farbige Tuschen, die ich nach Bedarf weiter vermale. Farbtuschen und Aquarellfarben lassen sich ohne Schwierigkeiten vermischen.

Michael Auth liebt verlaufende Außenbereiche, die er mit Tipp-Ex abdeckt. Das Tipp-Ex mit dem dazugehörendem Verdünner verdünnen und mit einem (billigen) Pinsel vermalen. Malt man wieder darüber, perlt die Farbe. Man kann das Tipp-Ex aber auch abschaben, dann schimmert die Farbe noch leicht durch das Weiß hindurch.

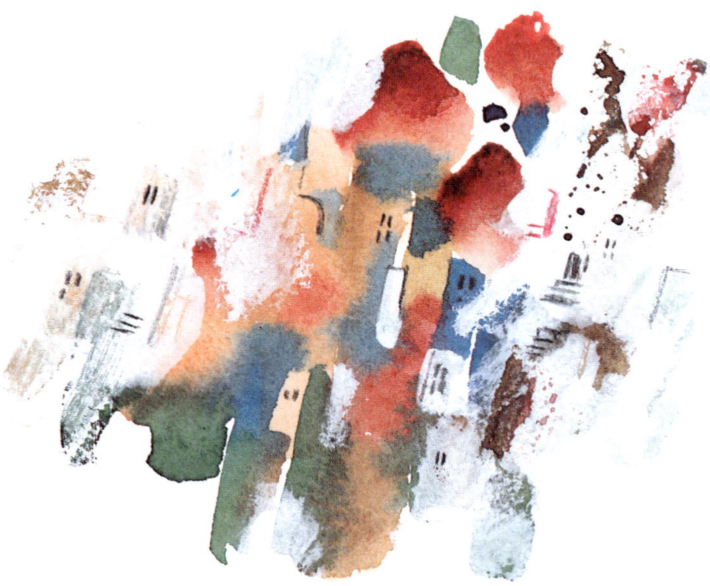

Nicht ganz neu, aber immer wieder wirkungsvoll: das „Abklatschen". Man nimmt dazu glattes Papier, auf das die Farbe sehr naß aufgetragen wird (links unten). Noch naß drückt man es auf ein anderes Blatt ab. Mit etwas Phantasie entdeckt man darin neue Motive. Man kann aber auch nur die so entstehenden Strukturen für Muster, Hintergründe oder ähnliches verwenden.

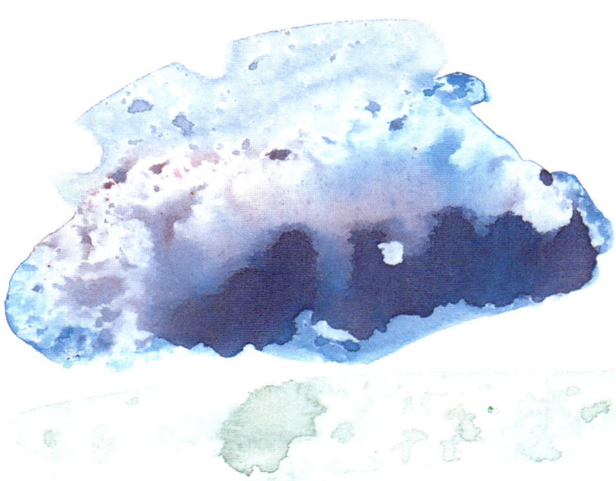

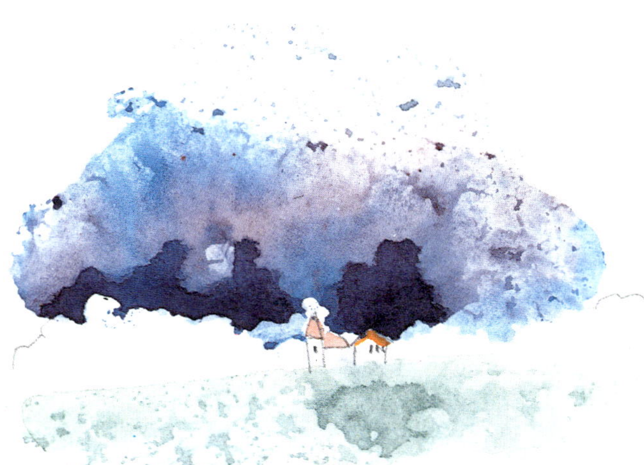

Ein paar Tips

Sie haben gesehen, wie man mit Farben und passender Komposition Stimmungen erzeugen kann. Nun kann es aber passieren, daß die Farben vielleicht gar nicht so düster werden, wie man es möchte, und aus irgendeinem Grund die Gewitterstimmung einfach zu harmlos ausfällt. Oder der klare, heiße Sommertag will auf dem Bild keine wirkliche Hitze ausstrahlen. Jos K. Biersack hat da ein paar Tricks bereit, die diese Stimmungen unterstützen, wenn man mit der Farbe allein nicht zurechtkommt.

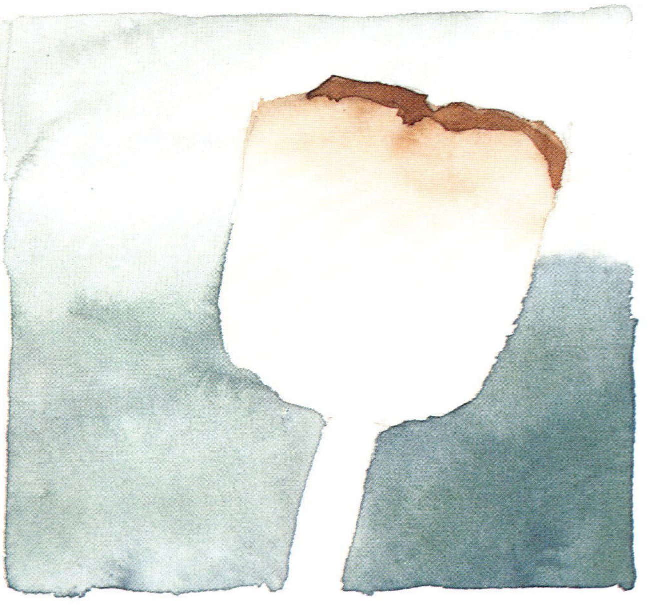

Sicher haben Sie auch schon einmal gesehen, wie grell Häuser wirken können, wenn hinter ihnen ein Gewitter aufzieht, vorne aber noch letzte Sonnenstrahlen ihr Licht werfen. Dieser Effekt läßt sich bei Gewitterstimmungen ausnützen. Der Vordergrund wird einfach sehr hell gelassen und der Hintergrund verdunkelt. Durch diesen Kontrast wirkt der Hintergrund automatisch bedrohlicher.

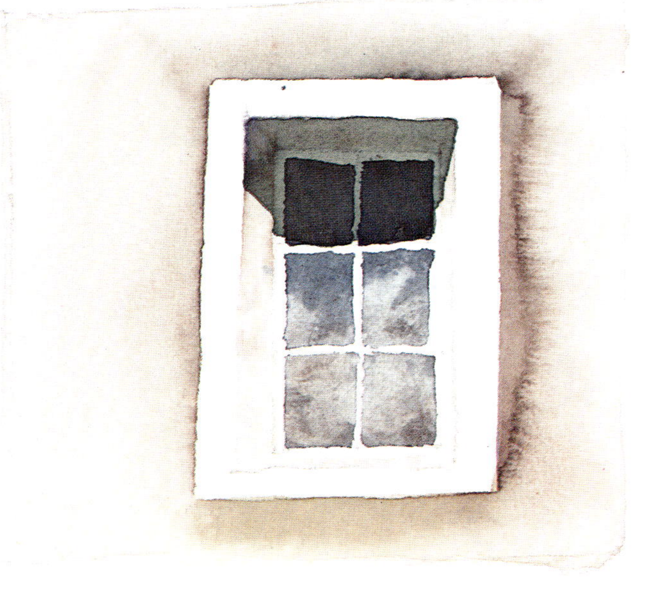

Vergleichen Sie diese beiden Fenster. Obwohl die Farbgebung die gleiche ist, scheint nur auf das rechte die Sonne. Das bewirkt der starke Schatten, der von oben (also Mittagssonne) auf das Fenster fällt. Der Rahmen erscheint besonders hell, weil die Wand dort dunkel ansetzt und erst dann ins Weiß verläuft.

Im Fenster scheinen sich Wolken zu spiegeln. Ein einfacher Trick: Die noch nasse Farbe in den Scheiben wurde mit einem Papiertaschentuch ausgetupft. Dabei ergeben die Falten des weichen Papiers die gewünschte Struktur.

Für eine gezielte Komposition ist der Ausschnitt des Bildes wichtig. Es kann aber passieren, daß man sich beim Anlegen des Bildes vertan hat und eigentlich ein anderer Ausschnitt besser wäre. Aber auch aus einem teilweise verpatzten Bild läßt sich unter Umständen noch etwas machen, wenn man nur einen Ausschnitt davon behält.
Die einfachste Art, sich verschiedene Ausschnitte anzuschauen, ist, sich ein bewegliches Passepartout zu basteln. Das ist ganz einfach: Schneiden Sie zwei rechtwinklige Papierstreifen aus, die Sie dann auf ihrem Bild so lange verschieben können, bis Sie einen Ausschnitt finden, der Ihnen gefällt.

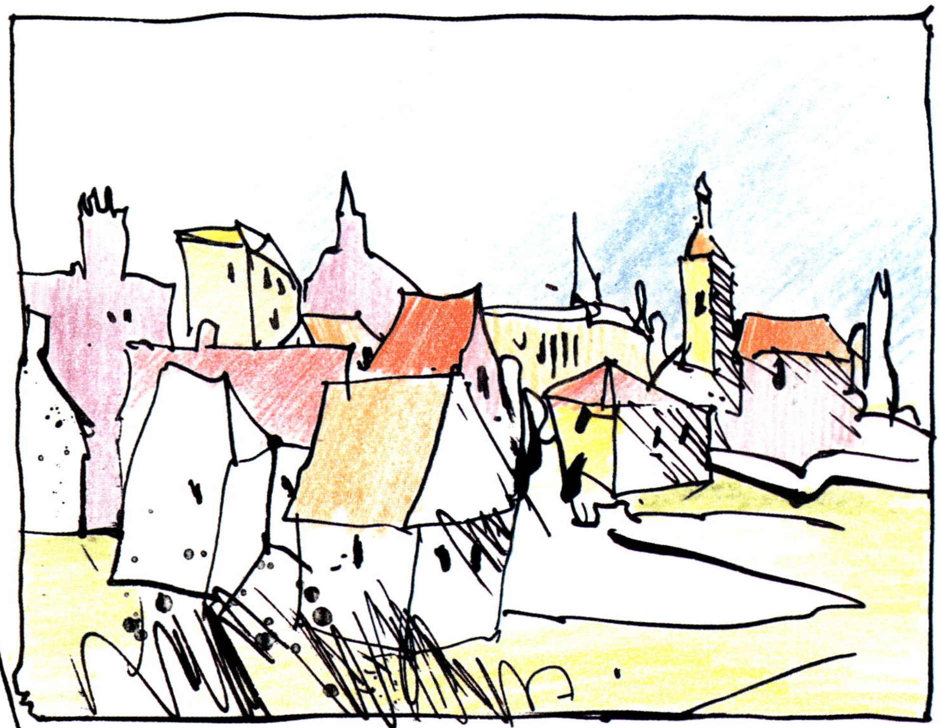

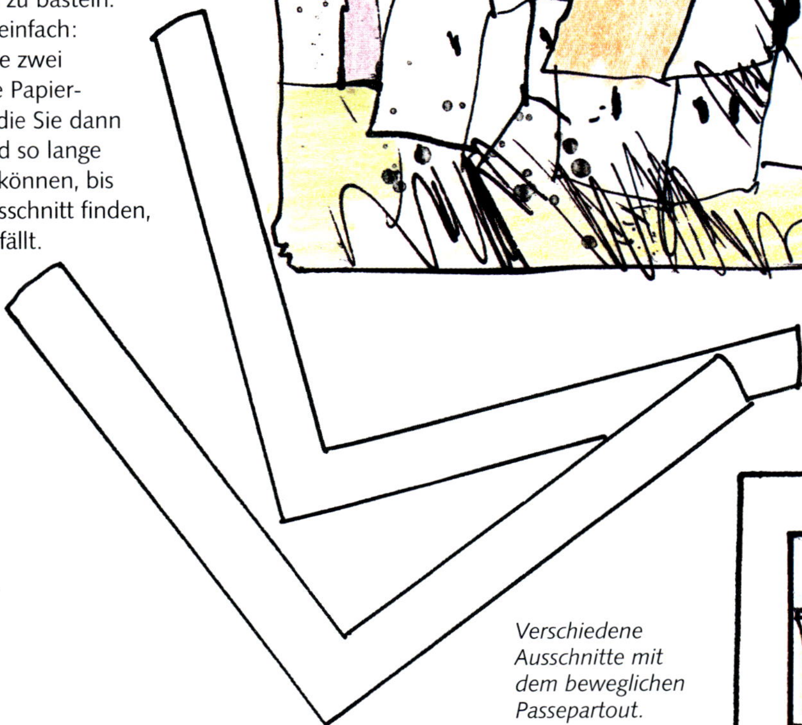

Verschiedene Ausschnitte mit dem beweglichen Passepartout.

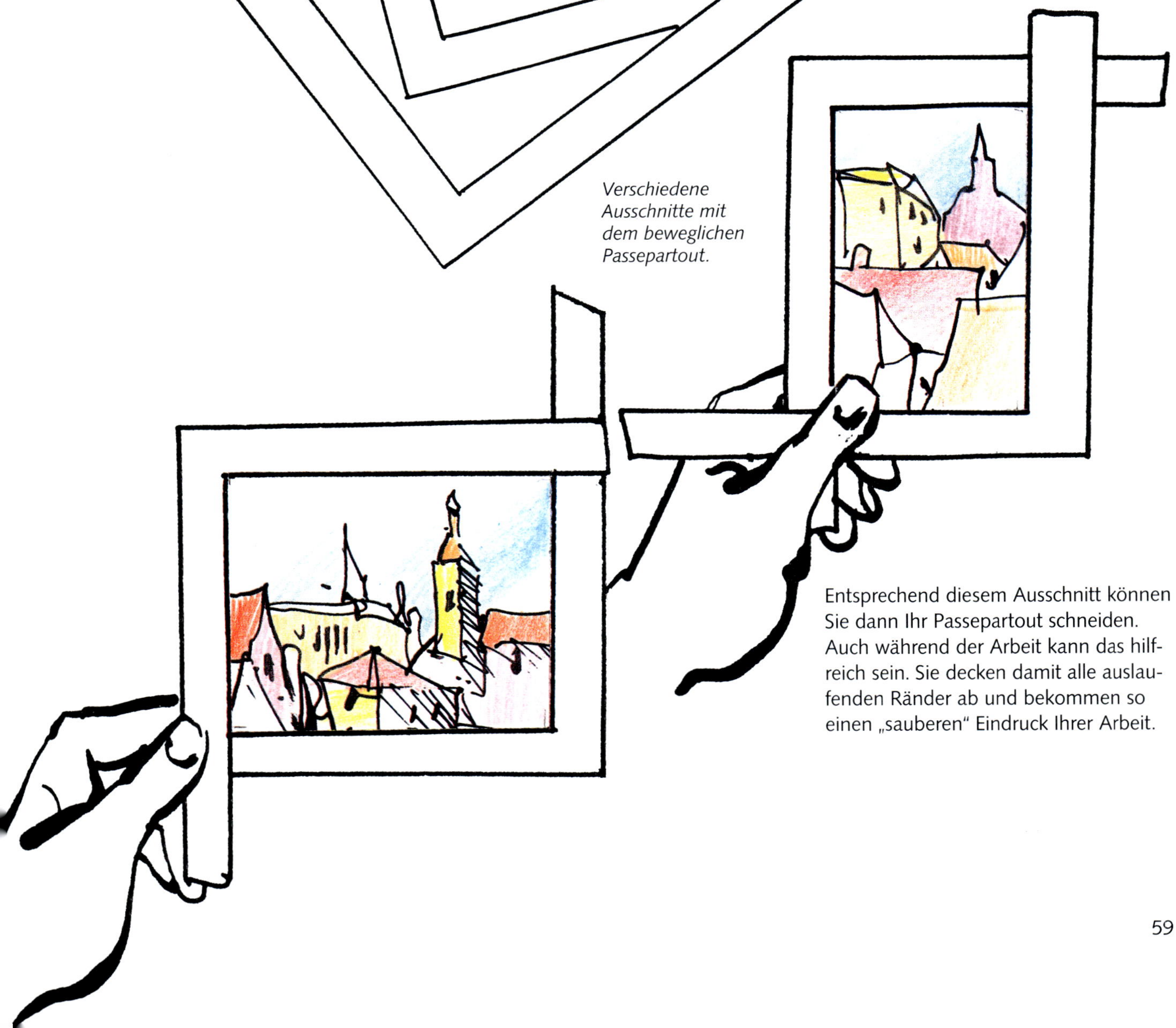

Entsprechend diesem Ausschnitt können Sie dann Ihr Passepartout schneiden. Auch während der Arbeit kann das hilfreich sein. Sie decken damit alle auslaufenden Ränder ab und bekommen so einen „sauberen" Eindruck Ihrer Arbeit.

Motive zur Anregung

Manchmal hat man so richtig Lust, zu malen, aber leider weiß man nicht so recht, was. Vielleicht können wir Ihnen da ein bißchen helfen, indem wir ein paar Anregungen zur Motivsuche geben. Natürlich bleiben wir bei dem Thema Häuser und Gebäude. Sie wissen: Sie können – und sollen – alles verändern, bis es so ist, wie es Ihnen gefällt. Nehmen Sie also ruhig einmal bloß einen Bildausschnitt, verändern Sie die Farben und damit die Stimmung des Bildes, übertreiben Sie oder lassen Sie unnötige Details weg. Eine gute Übung ist es auch, das gleiche Motiv in gegensätzlichen Stimmungen zu malen, das schult den Umgang mit den Farben und deren Aussage.

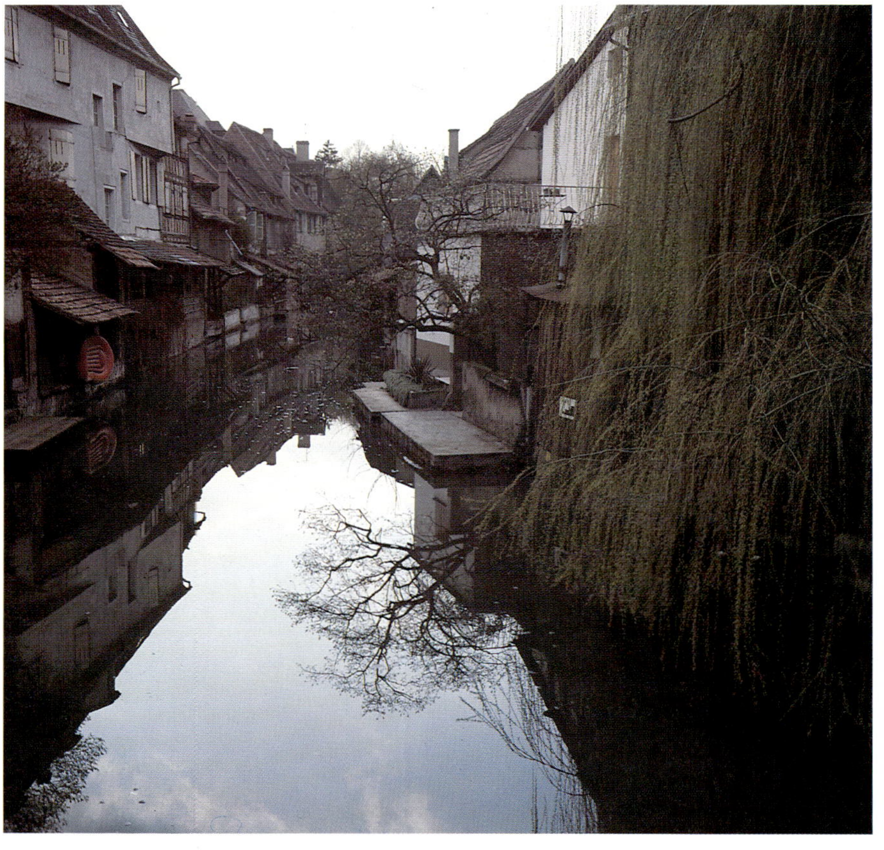

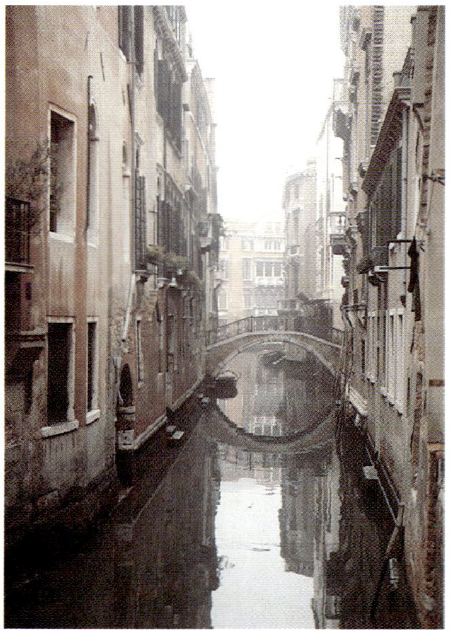

Immer malerisch: Venedig. Wie Sie die Fassaden anpacken können, haben Sie bei Michael Auth gesehen. Hier hat die Spiegelung einen besonderen Reiz, dazu die zarten Töne, die nicht bunt, aber doch farbig sind.

Noch eine Spiegelung, diesmal aber mit Fachwerkhäusern. Das erste zarte Grün der Weide bildet einen guten Kontrast zu den Rot- und Brauntönen der Häuser. Die fließende Form des Baumes steht den klaren Formen der Architektur gegenüber.
Eine ganz geometrische Komposition könnte aus dem Bild rechts werden. Die Dächer und Häuser lassen sich gut abstrahieren, Farbflächen kann man da locker zueinandersetzen, positive und negative Flächen gegeneinander ausspielen.

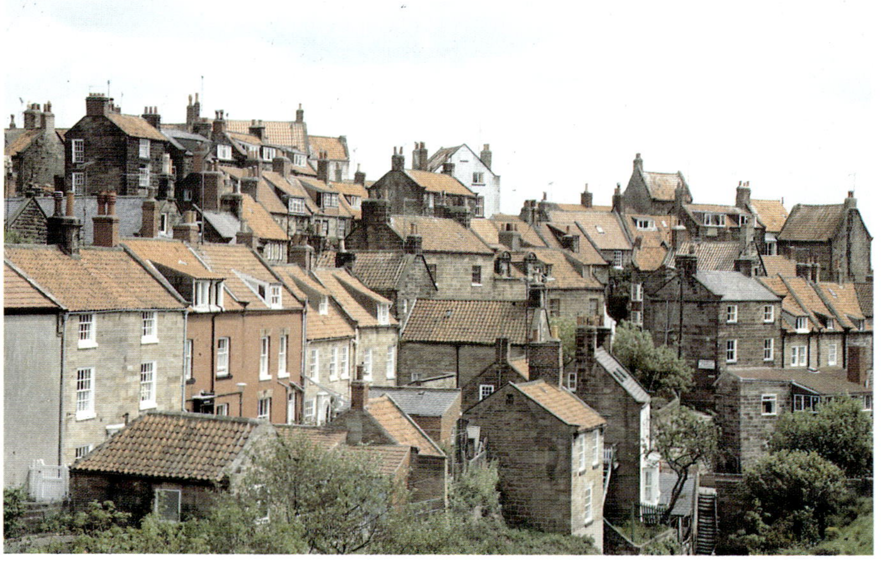

Unten: Zwei Motive aus dem Süden. Der Eingang zu einem griechischen Kloster ist eine wunderbare Übung, um Weiß nicht einfach weiß darzustellen. Ein bißchen Blau im Himmel, das Grün von Baum und Tür scheinen die einzigen Farben zu sein – was machen Sie daraus?
Die italienische Gasse mit dem roten Fenster wirkt auch überwiegend weiß, lebt jedoch von den Mauerstrukturen und Schatten. Naß-in-Naß kann hier wirkungsvoll mit Naß-auf-Trocken kombiniert werden.

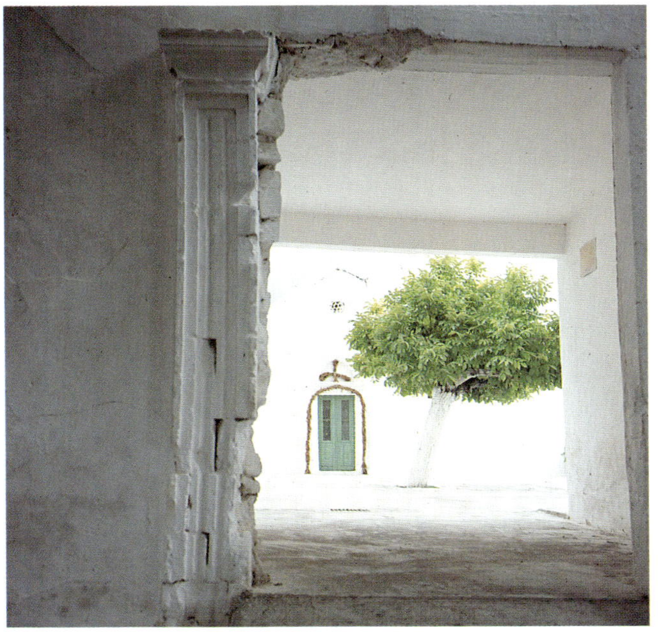

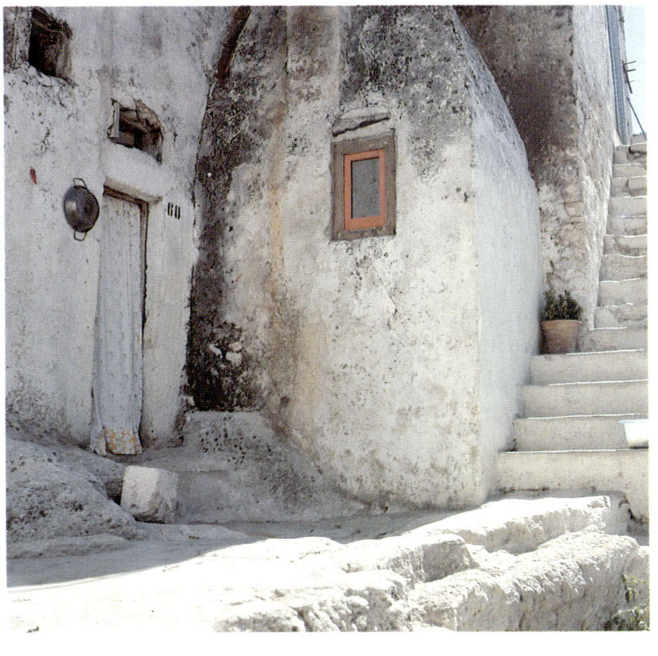

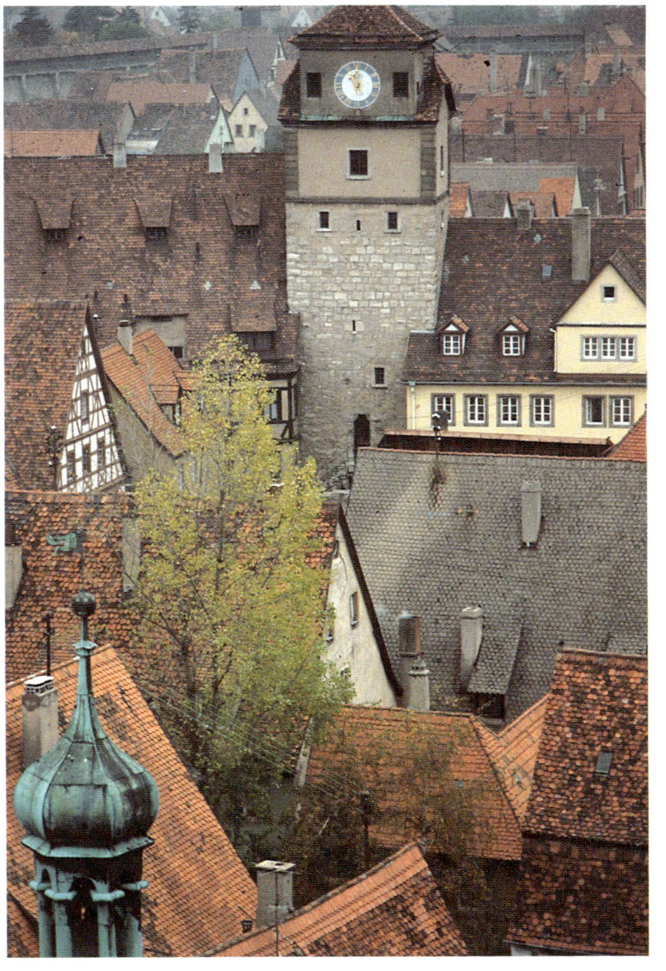

Abstrakt ebenso wie realistisch läßt sich das Motiv oben umsetzen. Große und kleine Flächen stehen im Kontrast zu Fensterreihen und Fassaden. Interessanter Mittelpunkt ist der Baum. Doch gerade den könnte man auch zur abstrakten Fläche mit lebendigen Farben umkomponieren.
Ein ruhiges Motiv ist dieses Anwesen in den Euganeischen Hügeln (Italien). Sanfte Hügel im Hintergrund, der große Baum im Vordergrund – eine fast klassische Kombination. Da die Farbigkeit in diesem Bild nicht dominierend ist, könnte man versuchen, es in verschiedenen Stimmungen zu malen. Es könnte in praller Sonne liegen und der Schatten des Baumes der einzig kühle Ort sein. Es könnte aber auch ein Sturm über den Hügeln heraufziehen – wofür entscheiden Sie sich?

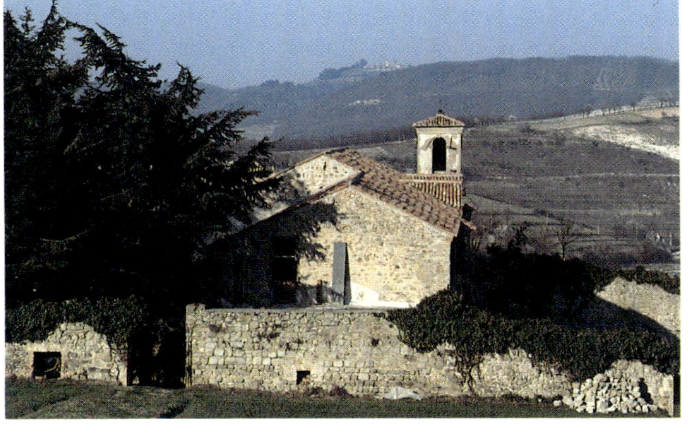

Glossar

Abstraktion:
Abstrahieren bedeutet, etwas zu verallgemeinern, auf etwas verzichten, sich vom Gegenständlichen lösen. Die abstrakte Kunst, die sich seit 1910 stark verbreitet hat, wird daher auch als gegenstandsfrei oder gegenstandslos bezeichnet.

Eigenschatten:
Jeder Körper besitzt einen Eigenschatten, der stets heller ist als der Schlagschatten. Dieser Eigenschatten gibt dem Gegenstand seine Form und Plastizität.

Expressionismus:
Künstlerische Bewegung im frühen 20. Jahrhundert, die sich bewußt den Anschauungen des Impressionismus entgegenstellte. Dem Expressionisten dient ein Bild nicht als ästhetischer Genuß, und bei der Umsetzung seiner Motive will er nicht das rein Wahrnehmbare festhalten, sondern das seelisch Erfahrene zum Ausdruck bringen. Man spricht daher auch von Ausdruckskunst.

Fixogum:
s. Rubbelkrepp

Fluchtlinie:
Parallele Linien, die vom Betrachter aus in die Ferne führen, scheinen einander immer näher zu kommen, bis sie in einem Punkt zusammenlaufen. Diese Linie bezeichnet man als Fluchtlinien, den Punkt als Fluchtpunkt. Die Richtung der Linien hängt dabei vom Standpunkt des Zeichners gegenüber dem Objekt ab.

Impressionismus:
Stilrichtung, die 1860–70 in Frankreich aufkam. Der Name geht auf ein Bild von Monet zurück, einer Landschaftsdarstellung mit Namen „Impression, soleil levant" (1872). Im Mittelpunkt des Interesses stehen Licht- und Farbeindrücke. Man kann den Impressionismus auch als „Freilichtmalerei" bezeichnen. In Farbgebung und Komposition läßt sich der Künstler von seinen subjektiven optischen Eindrükken leiten und versucht atmosphärische Stimmungen wiederzugeben. Beliebte Motive sind zufällige Ausschnitte aus dem täglichen Leben, Bewegungsvorgänge, Landschaften in hellem Licht.

Lasur:
Durchscheinender Farbauftrag mit verdünnter Farbe auf getrockneten Farbschichten oder den trockenen Malgrund. Der Schichtauftrag, d.h. das Malen auf getrockneten Farbflächen, deckt die untere Schicht nicht ab, sondern läßt sie transparent durchschimmern. Dadurch können interessante Farbmischungen und Farbnuancen entstehen. Die Lasur ist aquarellspezifisch und liegt in den Eigenarten der Aquarellfarben begründet.

Naß auf trocken:
Transparenter und wäßrig fließender Farbauftrag auf trockenem Malgrund mit dem Effekt klarer Grenzen und Formen.

Naß in naß:
Beschreibt das Malen auf ganz oder nur teilweise feuchtem Malgrund oder nassen Farben. Erzielt wird ein weiches Verfließen oder Ineinanderlaufen der Farben. Charakteristisch für diese Technik sind die unscharfen Formgrenzen und das Ausblühen der Farben (= wolkenartige Ränder).

Negative Flächen:
„Leere" Räume zwischen einzelnen Objekten des Motivs oder zwischen Rand und Motiv.

Plastizität:
Als plastisch werden alle körperhaften, nicht flächig wirkenden Formen bezeichnet. Kann in der Kunst der Bildhauer einen tatsächlichen Körper im Raum modellieren, ist der Maler darauf angewiesen, durch bestimmte Techniken die Illusion von Räumlichkeit zu schaffen. Vgl. auch Eigenschatten.

Positive Flächen:
Objektflächen bzw. Formen auf dem Papier. Negative und positive Flächen bedingen sich immer gegenseitig.

Proportion:
Stammt aus dem Lateinischen und bedeutet soviel wie Ebenmaß, Verhältnis. In der Bildplanung müssen die Proportionen beachtet werden, um die Größenverhältnisse der einzelnen Bildelemente festzulegen.

Renaissance:
Die Epoche der Renaissance teilt sich in drei Abschnitte: Um 1420 löst die Frührenaissance die Gotik ab, erreicht um 1500 mit der Hochrenaissance ihren Höhepunkt und endet ca. 1520–30 in der Spätrenaissance. Renaissance bedeutet eigentlich „Wiedergeburt" und wird kulturgeschichtlich als die Epoche begriffen, in der das klassische Altertum wiedererweckt wurde und die Künste neu aufblühten. Verbunden war dieser Prozeß mit einer Loslösung des Menschen von der kirchlichen und feudalen Ordnung des Mittelalters. In der bildenden Kunst fand das neue Lebensgefühl seinen Ausdruck, die Künstler strebten nach realitätsnahen Abbildungsformen und z.T. kam es zu einer Verwissenschaftlichung der Kunst.

Rubbelkrepp (Fixogum):
Spezieller Klebstoff, der sich nach dem Antrocknen besonders leicht mit den Fingern „abrubbeln" läßt. In der Aquarellmalerei für Weißaussparungen besonders gut geeignet.

Schlagschatten:
Schatten, den jeder Körper durch Lichteinfluß wirft. Daher ist die Darstellung des Schlagschattens vom Stand und der Richtung der einfallenden Lichtquelle abhängig und gibt so auch die Position des jeweiligen Gegenstandes an.

Trocken auf trocken:
Mit fast trockenem Pinsel und wenig verdünnter Farbe wird auf trockenen Grund gemalt.

Verlauf:
Die Farbe wird großflächig und stufenlos zum Papierweiß oder zu einer anderen Farbe hin verwaschen. Auf nassem Papier wird dazu die Farbe mit einem dicken Pinsel oder mit einem Schwämmchen horizontal von oben nach unten geführt.

Vogelperspektive:
Ansicht aus größerer Höhe, d.h. der Horizont (Augenhöhe) liegt außergewöhnlich hoch. Das Gegenteil der Vogelperspektive wäre die Froschperspektive, bei der der Horizont extrem tief liegt.

Zentralperspektive:
Befindet sich Ihr Horizont genau in der Mitte des Bildes und arbeiten Sie mit einem Fluchtpunkt, der auf der senkrechten Mittellinie liegt, so spricht man von Zentralperspektive.

Register

Literaturempfehlungen

Zur Aquarellmalerei
Weber, B.: Aquarellieren, Techniken, Übungen, Beispiele. Ravensburger Buchverlag, Ravensburg, 1990.
Karwoski, R. C.: Leuchtende Aquarelle. Ravensburger Buchverlag, Ravensburg, 1990.
Bagnall, B. & U., Hille, A.: Aquarell. Anfangen mit Aquarell. Art Academy. Ravensburger Buchverlag, Ravensburg, 1992.
Bagnall, B. & U., Hille, A.: Aquarell. Landschaft bei Wind und Wetter. Art Academy. Ravensburger Buchverlag, Ravensburg, 1992.
Bagnall, B. & U., Hille, A.: Aquarell. Stilleben laut und leise. Art Academy. Ravensburger Buchverlag, Ravensburg, 1992.
Tate, E.: Ravensburger Handbuch der Maltechniken. Ravensburger Buchverlag, Ravensburg, 1988.

Zur Farbe
Itten, J.: Kunst der Farbe. Studienausgabe. Ravensburger Buchverlag, Ravensburg, 1991, 19. Aufl.
Düchting, H.: Abenteuer Farbe. Ravensburger Buchverlag, Ravensburg, 1988.
Pawlik, J.: Praxis der Farbe. Bildnerische Gestaltung. Du Mont, Köln, 1981.

Zur Komposition
Düchting, H.: Bildkomposition. Ravensburger Buchverlag, Ravensburg, 1990.

Zur Perspektive
Rotgans, H.: Räumliches Zeichnen. Ravensburger Buchverlag, Ravensburg 1992, 5. Aufl.

Zur Geschichte des Aquarells
Koschatzky, W.: Die Kunst des Aquarells. Technik, Geschichte, Meisterwerke. Residenz Verlag, Salzburg und Wien, 1982.

Bildnachweis

Richard Parkes Bonington, Venedig, der Dogenpalast (Seite 7): The Wallace Collection, London
Paul Cézanne, Dorfkirche (Seite 7): aus: Götz Adriani, „Cézanne. Aquarelle“, DuMont Buchverlag, Köln
Albrecht Dürer, Innsbruck von Norden (Seite 6): Graphische Sammlung Albertina, Wien
August Macke, Innenhof des Landhauses in St. Germain (Seite 7): Kunstmuseum Bonn
William Turner, Venedig, San Giorgio Maggiore, von der Zollstation gesehen (Seite 7): British Museum, London

Neue Malschule: ART ACADEMY anfangen – ausprobieren – weitermachen

Auf erfrischende und kreative Weise ermutigt diese neue Ravensburger Malschule dazu, den Pinsel oder Stift in die Hand zu nehmen, in eine Technik einzusteigen, sie zu erlernen und Neues auszuprobieren.
Zu den beliebtesten künstlerischen Techniken – Aquarell, Öl und Zeichnen – erscheinen jeweils vier Bände, die sich nach Themen und Schwierigkeitsgrad unterscheiden. Den Auftakt bildet die Aquarellmalerei. Ergänzend dazu werden später die Themen Farbe, Akt, Perspektive und Komposition behandelt und deren Grundlagen erarbeitet.
Die Bände der „Art Academy" zeichnen sich im Besonderen durch eine großzügige Illustration und durch eine interessante Gestaltung der Schritt-für-Schritt-Sequenzen aus. Sie machen auch Schwierigeres leicht nachvollziehbar. Erfahrene Autoren und Künstler stehen für ein optimales didaktisches Konzept, das zum kreativen Ausprobieren und spielerischen Lernen anleitet.
Jeder Band der Reihe hat 64 Seiten, rund 200 Abbildungen und ist durchgehend vierfarbig illustriert.

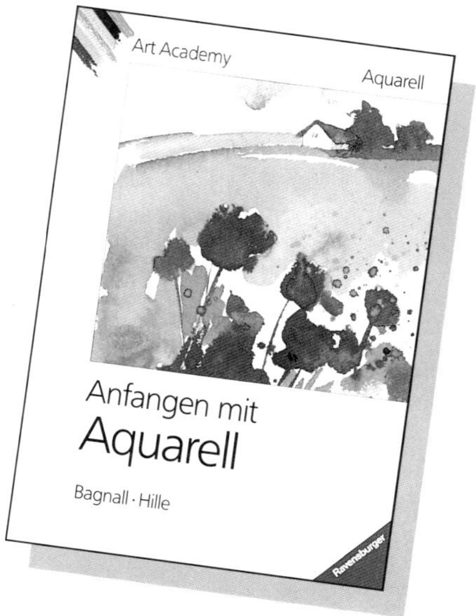

Bagnall/Hille
Aquarell. Anfangen mit Aquarell
Ein faszinierender Einstieg in die Aquarellmalerei. Künstler führen Schritt für Schritt in die Grundtechniken ein.
ISBN 3-473-**48254**-4

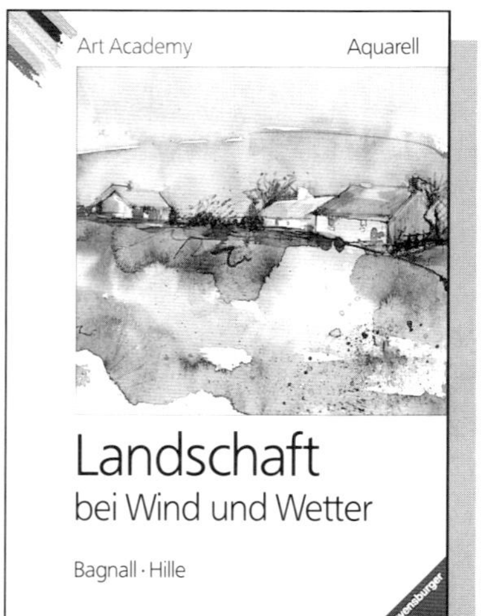

Bagnall/Hille
Aquarell. Landschaft bei Wind und Wetter
Ferne Berge, spiegelnde Flüsse und südliche Plätze aquarellieren. Beispiele regen zum Üben und Malen an.
ISBN 3-473-**48255**-2

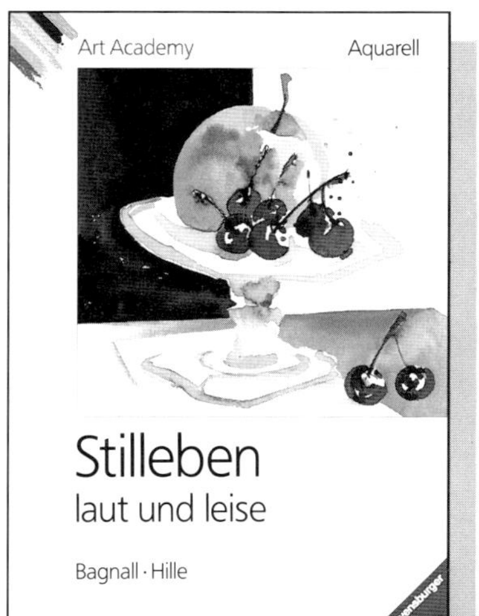

Bagnall/Hille
Aquarell. Stilleben laut und leise
Nicht nur Vasen und Äpfel! Künstler arrangieren und malen interessante Stilleben zum Üben und Ausprobieren.
ISBN 3-473-**48256**-0

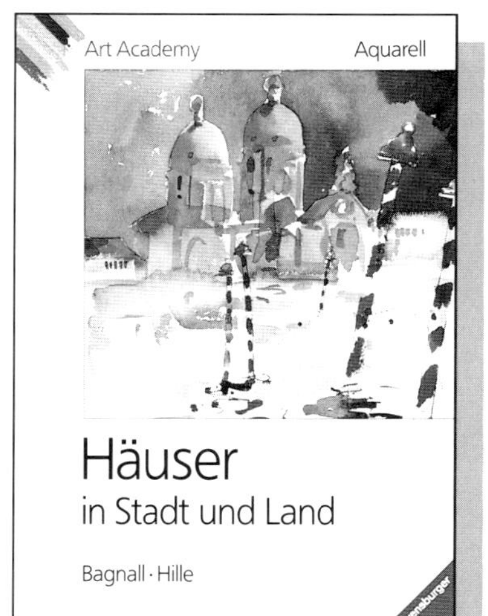

Bagnall/Hille
Aquarell. Häuser in Stadt und Land
Häuser, Städte und Plätze laden ein zum Spiel mit Farbe, Perspektive und Schatten. Übungen, Techniken, Beispiele.
ISBN 3-473-**48257**-9